家有青春期儿女

枫溪 著

一线教师的观影札记

东方出版社

图书在版编目（CIP）数据

家有青春期儿女 / 枫溪著. -- 北京：东方出版社，2011
ISBN 978-7-5060-4226-0

Ⅰ．①家… Ⅱ．①枫… Ⅲ．①青春期－家庭教育

Ⅳ．①G78

中国版本图书馆CIP数据核字(2011)第102730号

家有青春期儿女
JIA YOU QINGCHUNQI ERNÜ

作　　者：枫溪 著
责任编辑：陈鹏鸣　郭晓娜
出版发行：东 方 出 版 社
地　　址：北京市朝阳门内大街166号
邮政编码：100706
印　　刷：北京画中画印刷有限公司
版　　次：2011年6月　第1版
印　　次：2011年6月　第1次印刷
开　　本：710毫米×1000毫米　1/16
印　　张：13.5
字　　数：205千字
书　　号：ISBN 978-7-5060-4226-0
定　　价：39.00元
发行电话：(010) 65257256　65245857　65276861
销售中心：(010) 65250042　65273937　65289539

目 录

家有儿女初长成

枫溪◎

你有没有经历过这样的感触：不知道什么时候，家里的小家伙突然变换了细细的嗓音，走路也不再蹦蹦跳跳。不知什么时候，总爱赖着妈妈的小女孩，不再和妈妈腻在一起，而更喜欢独处、发呆。

这一切是因为，他（她）长大了，遭遇了"青春期"。

青春期的孩子独立意识强，自尊心也很强。他们有着强烈的自我表现欲和求知欲，同时又因性别意识开始萌芽而格外注重别人对他们的看法，显露出情绪不稳定等特点。他们不再像儿童那样乖乖地藏在父母的庇护之下，而是想在生活各方面显露出自身的"成人感"。这样很容易与父母传统的教育方式产生抵触，从而表现出所谓的"逆反"现象。

身为一名一线教师，我在与花季少男少女们接触的每一天，无不感受到他们充满希望、朝气蓬勃的笑脸。但同时我又得以观察到他们所遇到的各种个人成长及家庭教育方面的问题。我发现很多时候，家长对自己的子女了解甚少，对这个阶段孩子的特殊性也存在漠视。我曾接触过一位家长，每次来学校，她嘴里都念念叨叨称自己的孩子"宝宝"，而显然，"宝宝"并不喜欢妈妈这么当众叫他，可是妈妈依然不改初衷，后来孩子竟然在知道妈妈要到来的时候躲起来，妈妈的电话也不接。

对于青春期子女的教育，要从家长本身开始。家长自身对于孩子的成长要有所准备，了解每个阶段特殊的成长规律，才能正确客观地引导孩子，辅助他们成长。

电影是现实的一个缩影，通过电影这面镜子来观察这展开了的社会、浓缩了的世界、符号化的典型人物，比我们在千篇一律的生活里所体会和感受到的，要更为丰富和全面。日常生活中，我们更关注切身利益的鸡零狗碎，过的是真真切切、平平淡淡的人生，所以身为教育者的教师和家长，呈现在孩子眼中的，往往是有着这样那样缺点的俗透了的凡夫俗子。而随着孩子独立观念和自我意识的渐渐觉醒，教师和家长在他们心目中的高大形象瞬间崩塌，变得普通甚至根本不足以为榜样。所以，他们叛逆躁动又充满浪漫幻想。回想当年自己在中学的时候也是一样，曾想象老师、教导主任和父母，如果都如偶像派明星般的打扮和造型，自己定会听话无比。

在电影的虚拟世界里，我们作为旁观者，更能清晰地辨别是非曲直，不知不觉移情到其中的角色里。电影结束，我们百感交集，低头看看自己，更可以反躬自省。所以在平日的教学中，我会边看电影，边做教学笔记，然后和学生一起观看，或者精心选出最有启发性的片段推荐给学生。在和学生们的探讨中，电影对现实的模拟功能让我发现了很多教育中应该注意的细节和误区。电影的辅助教学，真的使我获益良多。

本书精选出十二部我平日在教学中使用过的影片，对青春期孩子成长不同方面的特征和教育方法进行分析，很有启发性。第一部分主要描画青春的两张面孔，我希望家长您能够真实地靠近青春，了解现时青春的真实模样；第二部分主要介绍与青春期孩子的交流，以及在家庭资源、个人资源处于劣势下，如何进行优质整合，从而取得更好的教育效果；第三部分讲解如何对待成长路上的诱惑和荆棘；第四部分则着重于孩子的自我实现。

在观影过程中，我推荐您采用以下方式：1. 边看电影边在有教育价值的地方做好笔记，然后推荐给孩子，最后就相关问题互相交换意见，做一次有重点的深入谈心。2. 挑出一些你认为适合的电影，选个好的时间与孩子一起观看，然后彼此交换意见。3. 可以在看完电影后在网上参看影片相关论坛，参照青少年评价体系，并结合自己家庭的实际情况来综合考虑。

希望您通过阅读本书，能与我一起，与电影同行，走进孩子们的心里，帮助他们更自然、更健康地成长。

青春双子座

青春的容颜是一个双面镜，

它不仅仅是《歌舞青春》《四月物语》

的朝气蓬勃、浪漫唯美，更是《莉莉周》

《牯岭街》的叛逆迷惘、危机潜伏。

作为家有儿女初长成的家长，

应该先来看看当代青春的呈现姿态，

因为你们已经回忆不起自己当年的模样，

此时的青春也非彼时。

精选影片：
《四月物语》
《关于莉莉周的一切》
《牯岭街少年杀人事件》

拓展影片：
《歌舞青春》
《大象》
《四百击》

第一讲
青春憧憬 /《四月物语》

◎片　　名：April Story
◎中文译名：四月物语
◎上映时间：1998年3月14日
◎出品国家：日本
◎类　　别：爱情
◎导　　演：岩井俊二
◎主　　演：松隆子
　　　　　　田边诚一
　　　　　　石井龙也
　　　　　　江口洋介

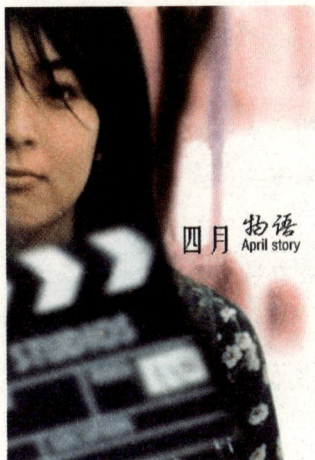

○ 剧情简介

　　每年樱花飘飞的四月，是日本大学开学的日子。

　　挥别了家人，榆野卯月坐上开往东京的车，她将要到东京武藏野大学开始新的生活。

　　陌生的城市，新房子，新生活。卯月依偎在阳光里，满室的阳光和她的背影传达着对新生活的期待。

　　搬家公司来了。一路上簌簌飘落的樱花、热心指路的司机、出嫁的新娘、追逐的中小学生……卯月以一个外来者的身份打量着这座城市，心里充满美好的希望。她利落地扎起辫子、撸起袖子要帮忙，磕磕碰碰越帮越忙，然后掩饰着尴尬，不停地道歉。送走搬家工人，卯月独自站在门口，若有所思，感受着乡下与城市生活方式的碰撞。想自立的决心和不知如何是好的矛盾，从刚开始独立生活的女孩心中流露出来，她对自己开始有点不那么自信。

　　新生入学的自我介绍，性格不一的人表现出不同的风格。大家既尴尬又兴奋，充满了期待的氛围。轮到卯月，支支吾吾地搪塞不出一个上武藏野大学读书的原因，只是抱歉地点头致意。她做了咖喱饭，小心地去请邻居来品尝，可邻居以吃过饭为由拒绝了；同学邀她参加钓鱼社，只为能得到一个赠送的鱼钩……融入新环境似乎没有想象中容易，但她并没有因此灰心。经过真诚的交往，她与周围的人们建立起了友情：邻居上门拜访接受她的邀请，钓鱼社的同学对她也颇为照顾。

她对身边的一切既好奇又心存善意，和同龄女生一样，她的心底也埋藏着自己的小秘密。她会在固定的时间去光顾那个叫做武藏堂的书店，和收银员聊聊天，看看书。而她之所以这么做，全都是因为她高中时代的暗恋对象——学长山崎。学长考到了武藏野大学，在这家叫武藏堂的书店打工。所以，她拼了命，用并不聪明的头脑用力读书，终于也考上这所大学。这样的成绩，连老师都觉得惊奇。原来，新生介绍时她支吾着说不出的原因是这样！

那天下着雨，卯月被困在书店，学长山崎注意到她，拿出许多把客人落下的伞借她用。她选了一把红伞，并且和学长山崎有了第一次对话：

卯月：你还在乐队吗？

山崎：没有。你怎么知道我在乐队？

卯月：你很出名啊。

山崎：真的？

卯月：对我来说是。

在伞上轻盈跳动的雨滴声中，卯月说这是爱的奇迹。

○ 我的观影笔记

《四月物语》是一个简单的、时间跨度较小的故事，淡淡的，充满了回忆的味道。让人看过之后，都愿意相信青春的甜美，就像里面少女的脸。

相对于成人世界而言，纯真年代的容颜是纯美动人的，因为年轻、单纯和希望。读书时代里，洒满阳光的校园，新学期的操场，入学式的自我介绍，各种各样的兴趣社团，这几乎是一个完美的童话国度。

这部片子清新美好得几乎没有任何阴影，充满了脉脉温情。追着缓缓前行的车依依不舍地告别的亲人、面对好客的卯月受到感染而接受邀请的邻人、追着卯月的自行车只为归还她遗落在电影院的书的"坏人"……即使在下着大雨的雨天里，我们看到的也是谦让雨伞的长者、借雨伞而达成沟通的少女和暗恋对象。在陌生的都市，一切都顺着好的方向发展。这一切，包括支持着卯月考入当年觉得高不可攀的武藏野大学的，都是因为爱的激励。正如卯月在片尾说的那样，是爱的奇迹。

我们眼中的青春大概就是这样吧，或者说我们更愿意是这个样子。因为在我们一生中，没有比这个时刻更有激情和无限的可能性，对未来总是充满了希望和期待，纯洁、美好，自然健康地绽放人生的花朵。如今我们在对青春定义的时候，确实可以这么认为。当我们深入这个社会的体制中并为眼下的生活营营役役的时候，当我们过多地重复生活而不是创造生活的时候，我们确实发现，青春的激情、纯粹，对生活的感性，满脑子的理想，都已经一去不复返了。

所以，《四月物语》是对青春的完美记忆。而今我们是，偶尔去翻翻相片，才想起同桌的你了。

有人说，忆起过去的日子，总觉得美好。并不是当时真有多美好，而是因为你年轻。年轻就是凡事都有可能，年轻时梦想的未来一切美好，年轻无极限。年轻时对未来的憧憬变成源源不断的动力，带动自己走向更快、更高、更强。

作为家长的你，第一次心动是在什么年龄？是否还记得自己做过的傻事？是否还记得自己那时坚定的梦想？

作为家长的你，知道孩子的偶像吗？了解孩子为什么喜欢他吗？你是否也有曾经的偶像呢？

你如果跟孩子聊偶像或者他喜欢的人，孩子肯聊吗？你会认真倾听吗？

○课堂反思

一、青春期的华丽转身

影片中卯月原本是个笨笨的、成绩不算好的女孩子，这样的女孩到处都是。她们常常喜欢关注校园里的优秀学长，喜欢做些白日梦。对于考大学，老师对她们可都没有抱什么太大希望。然而，就是这样平凡的卯月，做出了让大家大吃一惊的事——考上了武藏野大学。

我们知道她的秘方——爱的力量。她将对学长无比坚定的喜欢，转化为刻苦的学习，把梦想转化为积极的行动。

可以说，青春期的转型对于整个人生真的是意义重大。

我的学生里面有个很乖巧的女孩子，平时话不多，文文静静的，成绩也不错，常参加一些竞赛。可有一阵子她的性格突然发生了很大的改变，先是变得爱闹、易躁，当众跟老师顶牛，后来又开始化妆、打扮，甚至出现了精神问题，常常高度亢奋、狂躁不已，最后不得不住进医院。经过了一个多月的药物治疗，才渐渐平静下来。回校后她总是萎靡不振，特别厌学，上课只是睡觉。我曾多次找她谈心，但效果并不明显。最后的结果是，她放弃了中考，只到一所提前录取的职业中专就读。

曾经的她很有才华，经常写一些很忧伤很晦涩的小诗，文笔很美。提起她来，我们都感到惋惜，因为最初大家对她都抱有很高的期望。究其原因，其实都是单相思惹的祸。而单相思所引起的巨大变化，除了她个人的心理因素外，家庭环境实际上也起到了较大的作用。这个女孩生长在一个单亲家庭，在父亲和母亲组成的两个新家庭里轮流居住，但她更愿意住在姑姑家。由此可见，家庭环境对于孩子青春期的成长，影响是多么巨大和深远！

青春期于整个人生来说，就好似一个助跑的阶段。人生会因为青春期的短暂助跑而迅速褪掉青涩，华丽转身；也会被助跑路上的一颗小石子绊了脚，拖延了前行的时间，甚至会因此摔伤，留下伤疤。

所以，家长们，孩子在这个转型期该怎样转，可以说是决定

卯月感受着新的生活，终于某天和山崎有了第一次交谈，并在雨中撑起了山崎赠与的红伞。

命运的大事，我们作家长的，可要多掂量掂量才是。

建议：

(1) 多关爱孩子的心灵。

多关爱孩子，不要只是关心他是不是吃饱喝足了，是不是穿暖了，是不是玩得高兴；也不要只是关心他是否考了高分，得了第几名。

当你看到他脸上的阴晴变化，能否大致揣度出原因？当你看到他的行动有些反常，有没有过去拍拍肩膀询问一下？

请多关注孩子的内心世界，让他感受到你对他精神上的关爱。这样不缺爱的孩子，才不会太脆弱，才不容易迷失。

(2) 增加对孩子心理素质的培养。

现在的孩子，大多是独生子女，在家里被依顺惯了，在外面受一点委屈，就不依不饶；遭遇一点挫折，就大受打击。所以家长要多锻炼孩子，平时带着他们勤参加些社会活动，和孩子一起进行体育运动等等，还可以鼓励孩子参与班级管理（如班委会的竞选、班级活动的组织等）和家庭管理（如家庭财务的规划、家里大事小情的讨论等）。教会他们用乐观的心态和积极的态度来生活，而不是只进行智育的培养。

(3) 鼓励孩子朝着梦想奔跑。

正所谓，梦想就有多大，舞台就有多大。人生怀抱理想，就有了前进的目标和动力。所以，家长们不妨多关注那些成功人士的成长故事和名言警句，平时多鼓励孩子，多给孩子加油。即使有阶段的成绩不理想，也要时刻提醒他们不要轻言放弃，继续给予他们源源不断的鼓励和希望。

忌讳：

(1) 轻视孩子的情绪变化，觉得那只是小孩子的小打小闹，用不着重视。

(2) 忙着挣钱给孩子提供优质的物质环境，却连孩子的家长会都没空参加。

(3) 和孩子一个月都不聊一次天。

二、偶像粉丝问题

偶像是问题？

问题是偶像一直存在。

　　你一定很不理解，电视里顶着奇怪的发型、穿着雷人服装的人，竟然被孩子们崇拜得五体投地！孩子愿意把零花钱一股脑儿地都用在买他们的周边和光碟上，甚至愿意攒下几个月的零花钱只为看他们的一场演唱会……心中隐隐间，你感到这是一种强大的力量，而且可怕，因为你不理解，甚至无法理解。

　　其实偶像问题是种正常的心理现象，是人类共有的情感特征，大可不必谈偶像而色变；而作为家长，不能理解也同样正常，因为两代人成长的文化环境有着太多的不同。

　　你出生的年代里，电影是保卫战，是主旋律，所以你喜欢看谍战片和历史正剧；而他出生的时代里，吃的是肯德基必胜客，看的是日本漫画和青春偶像剧。"非主流"成了主流，始终站不直唱不清的周杰伦才有个性，巨大宽松的"韩流"衣服才显风格。

　　但有一点你是对的，偶像的力量很强大。在孩子的眼里，偶像是足以让他们尖叫的人。

　　1. 偶像就是真理，绝对的真理。

　　影片《四月物语》中，山崎是剧中女主角的偶像，只不过相对于流行偶像明星来说，这个更具现实意义。如上面我们所引的那段电影对白所言，对于卯月来说，山崎是独一无二的存在，没有人可以替代。

　　所以当山崎考上了武藏野，这所大学对卯月就有了无比特殊的意义。于是她读着关于武藏野的书，找寻叫做武藏堂的书店，搜索所有关于武藏野的信息，直至自己也成为武藏野这所大学的一员。武藏野在别人眼中可能只是一所名校，而对于卯月，那就是天堂。因为山崎在那里。

　　如今我们的孩子，每个人心中都有自己的偶像，这个人可能是娱乐明星、体育明星，也可能是文学家、科学家。当孩子们认同他，进而崇拜他的时候，这个人对于孩子而言就戴上了耀眼的光环，他的吃喝拉撒似乎都显得神圣，他的一招一式都充满了魅力，仿佛是作为神明而存在于孩子的世界里。他们说的话、做的事，甚至习惯性动作都是完美的，完美得让人不由自主想去模仿。所以你不能对我的偶像说不，他永远正确。

　　2. 偶像的喜好对于自己有巨大影响。

　　卯月去读国木田独步那本晦涩难懂的《武藏野》，后来终于决定也要报考武

同学问卯月，你真的喜欢武藏野这本书？

藏野大学——那所对于她来说难之又难的优秀大学。这一切都是偶像的力量。

很多青少年，尤其是内向的孩子最经常做的事情，就是把自己安全地藏起来。虽然他们不轻易对外界的人说出自己的想法，但往往有一个很丰富的内心世界。当他们需要疏通和倾诉的时候，自然而然就找到类似偶像的载体，作为精神的支柱。所以某种程度上来说，偶像是必要的。

所以不要一味地排斥孩子崇拜偶像，换个思维方式来考虑，或许我们可以通过这个偶像来了解孩子，并且从中找到彼此沟通的可能性：

(1) 偶像的气质往往与孩子自身的认同相似。他们认可和推崇偶像，也是在标榜自己。

之所以喜欢，是因为有共同点；之所以崇拜，是因为心中的理想。所以，通过关注偶像，家长们可以侧面了解孩子的个性气质和世界观、审美观。同时，偶像之所以成功，他自身一定会有一些特殊的人格魅力，这对于孩子的人格塑造也有一定的指引作用。因为孩子未来的人生不但需要满足物质需求的技能，也需要待人接物、与人交往的风度。

偶像往往能够成为引导孩子美育和建立情商的隐形导师。

(2) 孩子们喜欢偶像，也因为崇拜和迷恋那种万人瞩目、引领一切、高高在上的感觉。这也是一种成就感，有助于他们建立自信。

一些成绩不好的孩子，总是在学习中遭受挫败和失落，所以需要在其他地方寻求精神的寄托。毕竟谁都喜欢被承认、被认可。因此，家长如能发掘偶像身上的正面因素，因势利导，可以为孩子增加动力，甚至可能发掘出他们潜在的兴趣爱好，从而取得学习之外的成功。

(3) 孩子们对偶像的喜爱往往存在着从众现象，很多时候，是源于同龄人和同学朋友的影响。

对偶像的关注，有主动也有被动。潮流的影响是巨大的，尤其是在网络如此迅捷的情况下。孩子们正处于成长的关键阶段，判断力还未完全成熟，很容易受他人的议论、媒体的引导和流行的趋势所影响。而且在孩子们的小圈子里，如果大家都在就某偶像侃侃而谈，而自己却不了解，那似乎显得没面子。

在这种情况下，家长要注意引导孩子，尤其要注意培养孩子渐渐树立起自己的人生观和独立判断力，从而使孩子在日后的学习和生活中不随波逐流。

(4) 偶像崇拜是一种宣泄情绪的出口，但也会引起盲从、模仿和自闭，从而拒绝正视外界的客观现实。

杨丽娟就是一个例子，她痴迷刘德华，并辍学专门追星。父母劝阻无效后，卖房卖肾供她多次赴港赴京寻见刘德华。最后，父亲由于她的疯狂追星而跳海身亡。这虽是一个极端的例子，但这种不顾一切的追星行为值得我们深思。同时，现在的孩子喜欢塞着耳机隔离自己，沉浸在流行音乐中。虽说听音乐训练情商，但需要引导孩子分场合分时间段去听。

建议：

(1) 引导孩子从优崇拜偶像。

作为社会的一分子，时尚一点也不是什么坏事。我们可以跟孩子多沟通，试着去了解与孩子喜欢的偶像有关的东西，跟孩子去讨论、评价偶像的品行。家长们可不要错过这样一个绝佳的沟通机会，说不定你还能成为"时髦妈妈""潮流爸爸"呢。不过一定要注意引导孩子从优崇拜偶像，形成自己的观点，不要完全被潮流左右。

(2) 利用偶像的闪光点提升孩子。

可以挖掘偶像身上的某种优点，例如，歌星周杰伦的孝顺、对音乐创作的执著等，或他们的坎坷经历和奋斗精神。这些对孩子都是非常好的正面教材。

(3) 引导孩子多关注实际生活。

鼓励孩子多和自己身边的师生交流，有时间多和孩子聊聊他们身边的朋友、老师，长此以往，即使你不过问，孩子也会主动找你倾诉。因为分享的感觉真的很棒！

忌讳：

避免正面直接抨击"偶像"。很多时候，偶像是一种寄托，是外表、气质比较符合孩子审美的理性化的化身。正面直接抨击，和直接抨击孩子是一样的。这很容易引起孩子的反感和抵触，导致你说的任何话他都听不进去。

三、不得不说的早恋

影片《四月物语》中，卯月一次次去山崎打工的书店买书，只为了能够和他在一个空间里待上片刻。虽然大雨将衣服淋透，手里拿着坏掉的雨伞，可卯月的心里却绽放着喜悦的花朵，因为山崎借给她伞，还跟她有了第一次对话。

作为家长的我们呢？我们的第一次心动是在什么时候？

虽然我们都明白，爱情应该是在心智成熟、可以承担得起感情的时候才要面对和考虑的事情，但是，谁能够阻止看到美好的人和事时那加速的心跳呢？

早恋，如今很多孩子很反感这个词。他们说，恋爱是人的正常情感需要，不该冠以"早"的名号。话虽如此，对于没有责任能力、还处于成长阶段的他们，又确实过早了。

新一代的家长们虽然适应着当代社会的开放性，已经足够宽容和大度，但面对这个问题时，也都不免为难地皱起眉头。

我们该怎么去和孩子一起面对它？

1. 早恋之励志。

武藏野，武藏野。卯月心里默念，那本书，那个名字，固执地喜欢了这么久。年少时的懵懂爱恋，因为胆怯而不敢走近。当时恋上的，究竟该是怎样被想象和记忆给符号化了的人呢？他的嘴角、笑容，他的衣着、小动作，那个草地中弹吉他的侧影，就这样成了心底挥不去的挂念，堆成了属于自己的小秘密。

为了再见你，我用笨拙的脑袋拼命读书，企图去感受曾经有你走过的大学。

为了再次邂逅你，我假装一副闲散的模样在这个樱花飘落的陌生城市里寻找你的踪迹。

一次次跑到武藏堂书店的卯月，为了能看到山崎，哪怕只是一个背影。

为了再次认识你，我踩了很远的自行车到你打工的书店，偷偷看你工作时认真的样子，然后心满意足地傻笑。

我知道你一定会在某时注意到我，因为我始终坚信希望和爱情。

这就是卯月的心事，却因此改变了自己的人生。

2. 早恋之脆弱。

孩子的爱很简单，或许是因为某天她戴的一个漂亮的发卡，或者是某天他的一个酷酷的手势。一般来说，学校里学习成绩较好、组织能力较强、文体才华突出等方面的优秀学生，受到的注目更多。这某方面的特长，执著地吸引了众多平凡的小追随者们，也积极地引领着他们提升自己。

但早恋又很脆弱和青涩，一句词不达意的话、一个无足轻重的小习惯……都会引起一对浓情蜜意的小情侣的矛盾。喜欢的理由简单，分开的原因更是如此。我班上的两个学生，只因看到了对方和其他异性同学的合影，就宣告分手。这种理由既简单又好笑，因为他们还是孩子，是这样的孩子气！

3. 早恋之杀伤力。

虽然早恋在我们成年人的眼中就像是"过家家"的游戏，但对于身处其中的孩子来说，这可是他们目前生命里的大事，甚至比学习还重要。他们会因恋情告吹而去抽烟、喝酒，会往自己的手腕上刺上对方的名字。我们一味地否定他们这些疯狂的举动，可焉知他们心里的伤痛？

其实，从另一个角度来看，早恋，或者说青春的萌动并非是坏事。小小的心灵里，第一次品尝到了爱情的甜蜜，在成长的过程中又向前迈出了一步，这是多么让人欣喜的事情。看看现如今有多少剩男剩女的高级知识分子，他们一路走来只顾埋头苦读，学业上虽然取得了不错的成就，但却错过了沿途那些最美的风景。没有心跳的青春期是可怕的，所以，当孩子的青春萌动来了，就要尊重他们，帮他们分析，给他们帮助，像对一个好朋友那样。孩子的心门一旦打开，他们是很愿意跟你们分享他们的小小心情的。

建议：

(1) 理解孩子，体贴孩子。

当孩子恋爱时，会有美丽的憧憬，会有激动的时刻，但也会为之烦恼流泪、黯然神伤，甚至会为周遭舆论的压力和性欲的纠缠而苦恼。因此，父母不但要及时洞察孩子内心情感波动的蛛丝马迹，而且还要从旁加以引导。要耐心地倾听孩子的诉说，并给孩子以热情、严肃的忠告。

(2) 教导孩子自尊自爱，懂得爱情的责任。

适当地向孩子讲讲爱情伦理和爱情责任，使孩子对恋爱、婚姻有更进一步的认识。在读初中、高中时谈恋爱，终成眷属的可能性很小，而且对学业会产生很大的影响，这些都要及时地提醒孩子。要让他们了解现实的爱情和理想的爱情的分别，如果因谈恋爱影响而不能继续求学，即使两人结婚了，也难免会留下遗憾。人生未来的道路充满了众多变数和要克服的困难，作为家长，要培养孩子理性分析的头脑和长远的目光，使他们成为一个既能享受爱情，更能规划未来、享受人生的人。

忌讳：

(1) 一味反对。正面冲突往往引起反面效应。

坚决反对，他们的情感就会一下子消失吗？当然不会，反而会因逆反心理而更强烈。作家长的，不妨幽默地跟孩子交流、调侃，给他出主意，在孩子的恋爱过程中跟进这个事儿。

孩子不愿意听取父母的意见，很多时候是因为觉得父母不了解自己。家长们可以设身处地从孩子的角度来考虑，结合自己的经验和专家的建议，带领孩子调理好感情问题，不让他们走向误区和悲剧。

(2) 伤害孩子的自尊。

如果发现孩子陷入早恋，对所爱慕的对象魂不守舍时，家长不能用讥讽、责骂甚至惩罚的方式来对待孩子。更不能冲向学校和对方家中，或向邻里诉苦，弄得满城风雨。

○ 亲情贴士

下面是孩子可能早恋的10种信号，供家长参考：

1. 突然变得特别爱打扮。
2. 学习成绩突然下降，注意力不集中。
3. 活泼的孩子突然变得沉默。
4. 在家坐不住，经常找借口外出。
5. 放学回家喜欢一个人躲在房里，或待在一边想心事，时常走神发呆。
6. 情绪起伏大，有时兴奋，有时忧郁。
7. 突然对描写爱情的文艺作品、电影、电视感兴趣。
8. 突然喜欢谈论男女之间的事。
9. 喜欢写信和日记，而且遮掩。
10. 突然对私人物品特别敏感，总避着父母。

○ 课外资料库

1. 偶像通常也能够作为一种方向去指引个人前行，我想谈一段我本人的经历，就势引用一篇我曾在博客上写过的文章，希望对家长们有所启发：

杨丽娟的另一种可能

为什么定下这样一个题目呢？我也说不清楚，只是今天在舞台上看到评委席上的靳宇男的时候，立马想到这个。已经过去大半天了，现在把这些残存的感受写出来。

先解释一下，靳宇男其人是北京80中学的一名中学生，三四年前我在CCTV10希望英语大赛的节目里看到了他，当时他获得了中学组的冠军。只记得当年他是一个胖胖的小男孩，但英文口语却好得惊人，看比赛的时候我成了他的粉丝。其实我对当时的主持人程浩、赵音奇颇为迷恋，前往北京考研的艰苦岁月里，找他们聊上几句就是动力之一。两年前无意中在家乐福超市碰到了正在做节目的赵音奇，做的是三八特辑，而今天却在这里见到了靳小朋友。他应该说是少年了，长得那么高了，俨然成了一个英俊少年。此时我已是带学生参加比赛的老师，而他则是青少年评委，刚刚作为形象大使从英国归来。我当时心里无限感慨，有的时候所谓的"理想"就是如此接近！：）

当然，后来来京上学，并未刻意去找那些"偶像们"，只是在感受着成就他们的这个城市，汲取着共同的养分。还记得第一次下火车的时候，心里清楚地唱起汪峰的《晚安，北京》。

如今，我却也成了一名普通的北京市民，过着平淡的生活，捕捉着属于自己的小快乐，继续着更远的梦想。

其实这些名人在某些时候确实能给我们带来些许动力，是我们航行的灯塔，在远处引领着我们。可我们在仰视那些耀眼星光的时候，我们人生规划的终极目的不应该只是为了亲眼见一见他们讨一个签名之类，而是要信心十足地相信，有一天自己也可以像他们一样站到那个舞台上，或者更加自信、努力地继续自己的人生。我在这里没有说教的意思，实在是有感而发。当然，我也并非一个成功的例子。我离自己的目标还很远很远，但我会一点点去做。

也如今天靳小朋友用流利的英语所说的："在做某件事的时候也同样遇到很大困难，但只要多一些耐心，持之以恒地去做，像蜗牛一样，最终会达到目标，事情也终会有转机的。"

2. 学生间传递的摩斯密码——学生博客里的一组数字：

119425	你依旧是爱我	12746	你恶心死了	12825	你爱不爱我
12746	你恶心死了	12825	你爱不爱我	13456	你相思无用
1437	你是神经	4517	你是我氧气	14527	你是我爱妻
14535	你是否想我	14551	你是我唯一	1456	你是我的
145692	你是我的最爱	1487	你是白痴	1487561	你是白痴无药医
1564335	你无聊时想想我	1594184	你我就是一辈子	165	原谅我?
16537	你惹我生气	17382	你欺善怕恶	1748	你去死吧
17868	你吃饱了吧	18056	你不理我啦	1837	你别生气
18376	你别生气了	195	你找我	198	你走吧

第二讲

青春残酷之微观青春 /《关于莉莉周的一切》

◎片　　名：All About Lily Chou-Chou
◎中文译名：关于莉莉周的一切
◎上映时间：2001年10月6日
◎出品国家：日本
◎类　　别：青春/爱情
◎导　　演：岩井俊二
◎主　　演：市原隼人
　　　　　　忍成修吾
　　　　　　伊藤步
　　　　　　苍井优

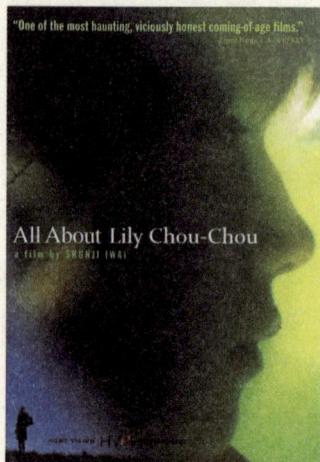

○ 剧情简介

　　莲见雄一是个性格内向、沉默寡言的少年，跟着改嫁的母亲与继父和继父的儿子一起生活。莲见最大的爱好是听莉莉周的音乐，他在网上建了个论坛，和同样喜欢莉莉周的人交流。

　　妈妈眼里头发都不染的乖孩子莲见，却参与了电视里报道的郊区列车上发生的少年盗窃案。他常常跟同学星野修介的团伙混在一起，不时还要受他们欺负。刚拿到手的零花钱，就被同伴毫不留情地抢去。身无分文的莲见在音像店不动声色地把CD放入书包，不料却在溜出商店时被店员抓获。老师小山内来到音像店，替莲见买下了莉莉周的最新CD《呼吸》。在返回学校的途中，年轻的女老师和莲见一起，欣赏着其中的主打歌曲《阿拉古斯古》。晚上莲见被星野一伙叫了出去，遭到暴打后被逼当着大家的面把裤子脱下来，而莉莉周的新CD也被星野掰成两半。但他一直跟着星野没有离开，或许是因为孤独。

　　其实一年前他们并不是这样的。

　　刚上高中的时候，星野曾是个单纯的孩子，他和莲见还是很要好的朋友。但这样的生活在一个暑期旅行后变了样。那时，同伴们都想去冲绳旅行，却苦于没有钱。偶然的机会，星野抢到了另一个团伙打劫到的钱，于是他们实现了梦寐以求的旅行。

然而旅行中发生了些离奇古怪的事情，回来后，星野的性情大变。他总是欺负同学，把同学逼得退学，还强迫同班女生津田和久野向成年人提供性服务。久野不屈服，第二天剃了难看的光头进班上课。津田看到久野，深受触动后坠楼自杀。

莲见喜欢久野，却什么也做不了，只能迎着风大声哭泣。

他在现实世界沉默，将心事在莉莉周的论坛上倾诉，还交了一个很聊得来的网友青猫。莉莉周要举行演唱会了，莲见和青猫决定见一面，约定见面那天，青猫手中拿一个青苹果。

在演唱会排队的人群里，莲见意外地碰上了星野，星野发现莲见的票位置更好，便夺走莲见的门票抢先进了大厅，临走时塞给莲见一只青苹果，让他替自己等人。星野入场后手扬着莲见的票，让莲见亲眼看着自己将票揉成一团，扔在地上。

莲见愤怒了，他绝望地发现星野就是青猫。莉莉出现了，而莲见却逆着拥挤的人流挤到星野身边，拿出插在青苹果上的匕首，向星野刺去……

○ 我的观影笔记

《关于莉莉周的一切》是一部讲述青春残酷的影片，它细腻、微观地描画着青春和成长。影片里几乎包含了所有青春期孩子们可能遇到的可怜处境：欺负、孤立、无聊、迷惘、无处宣泄，照亮的是背光处的青春。它将青春时态的各种矛盾聚焦起来，使得看过这部影片80%以上的同龄孩子都表示认可，感觉真实。他们认为这就是青春进行时的真实写照，是他们每一天所面对的生活。

霸主地位、毁灭一切的星野，懦弱受欺的莲见雄一，有暗恋对象却被迫从事援助交际、最后自杀的津田，被强奸却始终坚强且完美地存在的久野阳子，此外，还有整日像莲见一样在网上寻求寄托和共鸣的孩子，跟在星野背后掺和着欺负别人的孩子，受指使而从事盗窃和强奸的孩子，班级里由于嫉妒而制造小集团的孩子……他们是"现役"孩子的青春进行时。

看看曾经在我们膝头嬉戏的孩子们现在的面貌吧：

校园外，头上顶着奇异的发式，互相比较谁的更有型；晃晃悠悠地徘徊在学校门口的便利店、漫画书店，放学迟迟不急着回家；甚至在公车站穿着校服练习抱抱，旁若无人地亲吻；谈论的是谁的鞋是阿迪最新款限量版，有没有看超女的演唱会，我爸开的车比你爸的车贵三倍。

学校内，初中的女生画着烟熏妆，考试的时候，也不忘拿着镜子补妆；初三的女生大姐掌掴了初一的男生，而初一的男生拦下了本班的女生，要她做自己哥们儿的女朋友；班上声称患有抑郁症的男孩踢翻了邻桌女生的桌子，书散落一地，女生吓得不敢进屋；高年级的孩子甚至命令低年级家境富裕的孩子带烟来……课堂上甚至于出现了"摩斯密码"（每个数字都有特定的意思，即使上课传纸条被老师抓到也破译不出）"校园狗仔队"（班内任何一件微小的事情，会马上传到全年级的耳朵里，真是强悍的校园传媒）。

如果你是其中一员，你会怎么做？你怎样安然地度过自己的每一天？

观看《关于莉莉周的一切》，对于当代孩子们所呈现出的一些行为特点和心理特征，我做了以下分析：

突然发生的抢劫行为，令一群少年陷入迷茫和癫狂。

1. 自闭、自以为是，是非感和价值观模糊，理想和现实矛盾。

他们拒绝外界所有稍感抵触的东西，不能客观地看待自己的行为。虽然心灵上追求高尚和纯洁的事物，但实际行动上却截然相反，表现出理想与现实的脱节，比如：

莲见：盲从地跟随星野进行偷窃活动，被动地忍受欺负。当自己喜欢的女生被同伴强奸时，不明白自己也是帮凶，只能用哭来发泄，用网络世界来逃避。面对生活，他选择逆来顺受。他不知道如何改变，也没想过要改变，只好用耳机塞住耳朵，在封闭的音乐世界里流连。

星野：与莲见相反，他选择用反抗来表达对生活的不满。他对待生活的态度就是破坏一切，尽可能地欺负弱小。但外表的强悍却掩饰不了内心的脆弱：

在旷野里塞着耳机嚎叫，在网络世界里浸泡，宣泄的是和莲见一样的孤独。

2. 渴望爱和关心，渴望被理解。

莲见和星野都是孤独缺爱的孩子。

莲见：在母亲和继父组成的家庭里，他没有倾诉交流的对象，母亲对自己不了解，只会当着老师的面痛打他。

星野：有一个年轻漂亮的妈妈，但并不关爱他；我们并不知道他父亲在哪里，因为他的父亲从头到尾都没有出现过，甚至语言上也未有只字提及。

所以，莲见在仓库外哭泣，星野在田野里干嚎。他们唯一的温暖，就是在虚拟网络上的交流。

3. 没有集体荣誉感。

影片里，没有所谓的集体荣誉感，每个成员都是各干各的，"首领"不是靠威信，而是靠嫉妒和伤害来控制集体。集体的矛盾多种多样，小集团内部充斥着排外情绪和钩心斗角，班级合唱队里女孩们各怀鬼胎，排斥有才华的久野，拥戴自己要好的朋友。而取代统一的、积极向上的集体信念和意志的东西，是被动、盲从和互相伤害。

4. 躲避父母，甚至漠视父母。

伙伴们苦于没钱去冲绳旅游看珊瑚礁，而他们首先想到的就是不能问父母要钱，因为他们怕被数落和拒绝；津田在院子里冲刷自己浑身泥浆的时候，在满是布娃娃的房间里接打电话、联系"生意"的时候，父母关切的目光都是缺失的。她宁可选择自杀，也没有想过向父母求助。在这种逃避和漠视的心态下，父母怎能知道孩子们真实的想法？

电影剧情如此设置，那现实情况呢？就拿我当年的同学来说：一帮男生一起骗来父母的钱去省城旅游，用这些所谓的艺术报考费住宾馆、打车、逛服装批发市场，最后红光满面地回来。

5. 欺负和伤害行为的双方，同样都处于痛苦之中。他们无法解脱，看不见未来的微光。

"我试着呼吸……"青猫（星野）在电脑前打下这些字，因为侵害他人的行为同样让人抓狂，让人找不到生活得以继续的理由。为什么莲见要杀星野，只因为星野就是青猫，是可以和自己共鸣、可以解救自己的青猫！这世界的荒诞，真让人绝望！

津田的希望，就是可以望见那只风筝。在风筝的飞翔中，她感到了最后的快乐，所以她用死来找回自由。出殡的天空是那样绚丽，如同一片绿色草地里沉醉于音乐的莲见。

青春就是这样美丽，美得灼眼，美得哀伤。

整部影片，纯粹是孩子的世界。除了个别老师的存在，家长几乎全部缺失。可能在孩子的眼中，这就是他们的世界，他们的圈子。在这里，他们没有给家长留下位置，甚至也不想给家长一定的空间。在这里，孩子们得以袒露自己的真心，表现得出乎意料的丰富和敏感。他们体味着生活，感受着自己。他们思考过人生的意义和未来，只是没有找到确切的答案，所以才会迷茫。

○ 课堂反思

一、关于青春期孩子与家长的互动

1. 为什么他们拒绝向家长求助。

影片里，每个孩子前后行为的变化都是巨大的：星野从乖巧到暴戾，莲见从安分守已到偷窃，津田从单纯到被迫卖淫，久野从长发到光头……对于这些改变，最该担忧、最该负起责任的就是父母，而他们在哪里呢？孩子们宁可选择自我毁灭，也不肯在困境中求助于父母。在孩子心目中，父母究竟处于一个什么样的位置？是只为自己提供生活来源的陌生人？还是帮助老师对付他们的同谋？

我们看看电影的一个情节：电视里正播放着一个少年团伙劫持高速公路上客车的新闻，理发师问正在做头发的莲见妈妈："还没抓住吗？这年头小孩可真

莲见只能在音乐的世界里，寻求一丝温暖和慰藉。

吓人，你儿子还好吧？"妈妈说："莲见吗？他是个乖孩子。"妈妈看着电视里的盗窃案，觉得那是别人的事情，殊不知自家的莲见正是作案团伙中一员。我在另一部影片《四百击》中看到过一段很有名的对白，心理学家问安东尼："你父母说你总是撒谎。"安东尼回答："大概是吧，时不时地。那又怎样？我说真话，他们总是不信。所以我宁愿撒谎。"

从这里我们看到，在孩子的心目中，父母多半不值得信任。孩子用谎言来粉饰着自己乖孩子的形象，避免父母可能性的责备和惩罚。就如电影中，老师将莲见偷窃CD光盘的事告诉了他的妈妈。妈妈当着老师的面，对着莲见就是一顿劈头盖脸的巴掌。这样的教育方式，只会起到反作用，孩子因此而选择隐藏自己的秘密，使父母猜不透自己。长此以往，孩子与父母的距离会越来越远，沟通也会变得艰难。

课堂测试：

当孩子向你要一笔数目不小的零花钱，并且用钱理由不足以让你信服，你的反应是？

A 二话不说，拿钱给他，显示父母的大方。

B 直接拒绝，小孩子要那么多钱做什么？

C 找出他理由的纰漏，揭穿他，然后拒绝。

D 告诉孩子，自己想听真实的理由，如果合理，会把钱给他，不过要记在他的零花钱预算里。

建议：

A、B选项中，直接给钱和直接拒绝都不是好办法，这样会导致你对孩子的事情一无所知，无法了解孩子用钱的真正原因，增加与孩子的隔膜和对立。

C也不是解决问题的有效方法，因为这样做，孩子便会放弃跟你要钱、放弃向你倾诉困难的尝试，转而另想筹钱的办法。我们要考虑到，孩子既然要钱，可能是在某些方面遇到了需要解决的难题和困境，这可能是一次损坏公物的赔偿，可能是为朋友生日要买的礼物，甚至可能是被一些黑社会团体要挟的数字。

所以，建议跟孩子谈一谈，按照D的办法试一试。让孩子觉得，你是可以信任的，并且愿意把真实情况告诉你。

2. 孩子出现反常行为时怎么办？突发事件发生后该怎样排解和疏导？

孩子的成长过程不可能一帆风顺，他会遭遇各种各样的人生难题。会因为喜欢上一个人而变得郁郁寡欢、自闭沉默，也会因为一次小小的胜利而变得欢欣雀跃、乐观积极。他们成长的路途中，有时候在我们看来很小的事情，在他心里却是过不了的坎。

电影中，从冲绳旅游归来的星野，变得残酷、暴虐，以折磨人为乐。这时候他的师长在哪里？孩子遇到"大事件"后，很可能就此改变性格，改变对一些事情、甚至对人生的看法，因此后续的安抚和引导是必需的。如果家长在这个时候不见踪影、不闻不问，孩子只能在迷茫和无助中跌跌撞撞，最后误入歧途。

那么如果有一天你注意到，你的孩子突然出现了反常的行为举止，你会怎么做呢？

课堂测试：

孩子某天不愿意去学校，或者意外逃课，你得知后，怎么做？

A　没办法，只能由着他，因为拗不过他。

B　逼着去，拖也要拖到学校。

C　去学校找老师问下情况，追查原因。

D　向孩子平时较亲密的朋友询问，再结合老师提供的信息，查找问题的根源。等孩子情绪平静下来，找他聊天，跟他聊自己当年的囧事，告诉他逃避不解决问题。

建议：

A和B的方法，一个太过软弱，一个太过强硬，都很极端。纵容他，会使他养成这种逃避的习惯，甚至成为逃课的惯犯；而逼迫他，则可能会伤害到孩子的自尊心。家长要考虑到，究竟发生了些什么事情，比如在大家面前出了丑，或是不愿见到某个同学等等，让孩子无法面对？究竟是什么重要的缘由，比如被老师批评，或是学习上遇到了困难，而让他不想去学校读书？强硬的方法于事无补，只会导致孩子的逆反和怨恨。

因此，建议采用C和D的方法试一试。家长也冷静下来，调查一下原因，多听一听老师和同学对事情的了解和建议，跟孩子平静地聊一聊，解开心结。

3. 为什么孩子只在网络上沟通自己的想法？他们想对你倾诉的时候，不管生活和工作中有多少烦心的事情，你是否都能够静心倾听？

很多孩子愿意在网上畅所欲言，宁可跟不认识的陌生人倾诉，却不愿意对亲人多说半句，如同影片中的莲见和星野，还有那些和他们一起议论莉莉周的网友。

引用一下昆德拉的哲学，家长与孩子也有"轻"与"重"的差异。一些在成人眼中看起来无足轻重的琐碎事情，但在孩子却无比重要，是可以牺牲生命来换取的。其实孩子的生活空间很小，无外乎学校、班级、家庭，他们关注的也无外乎师长和同学，我曾与学生谈到过这个问题，学生说："我们的生活空间本来就很小嘛。"我说："所以，小事情都被看得很重要。"学生说："那是我们的生活。"

孩子是否也曾试着和你沟通过，倾诉过？那个时候你是在忙于家务还是工作？或者觉得这是什么鸡毛蒜皮的小事，不值得关注和讨论？是不是你的漠视阻挡了孩子想要倾诉的心？

课堂测试：

吃饭时，孩子看到电视里他喜欢的某个偶像时大声尖叫，并停下吃饭专心地看，你的表现是？

A 呵斥孩子，要求他认真吃饭。

B 直接把电视关掉或者转台。

C 骂这个电视里又唱又跳的人神经病。

D 你认识这个偶像，并和孩子讨论两句这个人的八卦绯闻。

建议：

前三种做法对于孩子来说，是对偶像的否定，也是对他们自己的否定。孩子会觉得与你无法沟通、无话可说，觉得你跟不上时代，不懂欣赏。如果你出言不逊，他更会反感，甚至为了维护心中的偶像而同你争吵。

所以，我们不妨试试D的方法，多了解些当今孩子们正在关注的东西和感兴趣的事物，多逛逛孩子常去的网站，或许当你深入他们的圈子后，你会发现孩子们的迷恋或许自有他的道理。只有了解了某人某事，我们才有资格评价好坏，不然孩子会觉得你的反对毫无道理。没有调查，就没有发言权。所以，我们家长也要跟上潮流和孩子的脚步啊。这样，你和他们才有更多可以谈论的话题。

4. 孩子的是非观、价值观在哪里？

影片中，孩子们为了旅游可以去抢劫；星野视暴打和侮辱同学为常事；莲见虽痛苦，却还是继续跟着星野做坏事。孩子的是非观、价值观到底是怎样的？你有没有经常有目的地给孩子进行这方面的教育？自尊自爱、独立自省和面子谎言、虚荣盲从，究竟哪一个更重要？你愿意让孩子追逐更多的物质利益还是养成更高贵的个人品格？

曾经在地铁上看到一个10岁左右的男孩当着老大爷的面，坐在了旁边的空位上，母亲看到后立刻告诉男孩把位置让给老爷爷。我小的时候，有一次坐公车没有买票，妈妈知道后，让我又找到那辆公车补票……

永远不要忽视这样的小事，因为习惯的养成并非一朝一夕就能够形成。孩子的一言一行，家长应该较早地进行规范和纠正，对于正处于人生转型时的青春期孩子，更应如此。

课堂测试：

如果社会上发生了以校园为背景的负面事件，你的态度是？

A　别给孩子提起，省的他学坏。

B　当做新闻给孩子说，不评价。

C　问问孩子身边有无类似事件，叮嘱孩子不要学。

D　问下孩子对这件事情的看法，并问如果发生在他身上，应该怎样做。

建议：

A是一种回避的态度。孩子并非生活在真空里，他们迟早要接触外面真实而残酷的社会，你向他隐瞒，并不等于他不知道或遇不上。

B的态度没有积极的提醒和教育。孩子的成长需要引导，因为他们的是非观还未成熟。

C和D的态度比较积极。任何事情都要提前与孩子探讨，提前渗透，预先让孩子对一些事情形成较为客观和积极的看法和认识，从而建立起正确的是非观。同时，让孩子了解到你的看法和立场，对他们正确、客观地看待事物，也有着非常重要的作用。

5. 家长的关怀在哪里？

影片里，家长的身影仅出现了一次：莲见偷了光盘，老师把莲见的妈妈找来，妈妈当着老师的面打了莲见。然后两人一起回家，路上什么也不说。

被星野逼迫卖淫的津田诗织，宁愿选择死亡，也不曾想过向家长求救。

很多时候，面对着出事的孩子，家长惊慌失措，不知道问题出在哪里。

你作为家长，有没有在孩子需要你的时候给予适当的关怀，及时发现孩子的异样？你有没有给孩子安全、贴心的感觉？有没有让孩子心甘情愿地接受你的管理和教导？

课堂测试：

你距上次跟孩子深入交流、聊天到现在有多久了？

A　一个月以上。

B　半个月。

C　一周左右

D　经常聊天，孩子经常和自己讨论一些事情或者咨询意见。

建议：

可能大多数家长都是B和C，

A的情况比较糟，家长与孩子太陌生了，B和C的情况比较多，这是孩子还愿意与家长交流的临界点，他们想与家长保持距离，不喜欢家长的老生常谈，但偶尔也愿意讲讲自己。D的情况是最好的，孩子已经把家长当成可以信任的人，也愿意听取家长的意见。

我的学生里面有那么几个，家里家财万贯，孩子在学校为所欲为，不是损坏公物，就是欺负同学。家长屡被请来，但是没有一点效果。他们根本管教不了自己的孩子。孩子也从不跟他们交流。孩子在学校的所作所为连家长本人都深感吃惊。这样的情况是失控的，孩子的未来令人担心。

每个人在年轻的时候，都会有一种蠢蠢欲动的浮躁，有些没来由的愤怒，对于该做或不该做的事都想去尝试。因此他们逃课、偷窃、破坏，这是他们对于自我情绪的宣泄。某些心理研究学者认为，在孩子的心目中，偷窃物的价值并不重要，对一个深感自己缺乏爱与关怀的孩子来说，盗窃行为反倒象征着希望。他们企盼的不是物质，而是希望与长期忽略他的成年人再次建立联系。

无论你有多忙，请一定停下来听一听孩子的声音。我在读大学的时候，尚在初中的小妹妹每逢我假期归来，都急切地向我倾诉身边的事情，而我总显得不耐烦。妹妹的热情只被我一句"别说了！"就给打发了，结果妹妹现在的性格，变得内敛而沉静。

请记住，孩子的世界里没有小事，因为他们是如此新奇地在感受着这个世界。所以别让我们的不以为然，在轻易间打发掉孩子求助的心情和交流的渴望。漠视，可能就是孩子产生孤独感的本源。

二、关于网络

1.网络已经成为当代生活不可缺少的一部分，但却是面双刃剑。

《关于莉莉周的一切》中，网络是一个始终贯穿的主线。在孩子们的生活里，网络的作用不可替代，它并非虚幻，而是一个真实的存在，是孩子们精神的栖居之所，也是他们进行心灵沟通的主要渠道。在这里，他们喊出自己的声音，畅所欲言。生活中的敌人，却能在网络世界里成为知音。

影片中，内向的莲见只通过两个渠道与人进行内心的沟通：一是之前作为好朋友的星野，那时星野还未变坏，他们常常在一起聊天。而星野转变之后，莲见的沟通只能在网络上进行了。其实"莉莉周"只是一个符号，它象征着孩子们沟通的可能。

现代社会离不开网络。因为网络，我们拿到了更多的订单；因为网络，我们不必随身携带大字典，只要百度一下，就能上知天文、下知地理，只要点一下金山词霸，就能翻译任何一门外语；甚至我们找工作、找对象，也都求助于网络。然而网络带给我们无限便捷的同时，也带来一些无法预知的危险，特别对于青少年更是如此。2010年4月26日，中国互联网络信息中心（CNNIC）在

莲见雄一发现拿着青苹果的星野，星野＝青猫？！

京发布的《2009年中国青少年上网行为调查报告》显示，截至2009年12月底，中国青少年网民规模已经达到1.95亿人，其中74%的青少年使用手机上网。对于网络的高度依赖性，使很多孩子养成了拿"现成"的习惯。老师布置的作业或课外活动，孩子们往往直接在网上查找答案、搜索方案，而不会独立思考，完全是"拿来主义"。还有一些孩子，误入非法网站，受到了种种不良信息的误导。

建议：

(1) 对上网时间有所控制。

孩子们的学习任务很紧，上网冲浪的时间非常有限，所以上网时间也不要太长，否则：

上网的时间过长对孩子的视力影响很大。

不少孩子由于每天长时间的上网，而产生网瘾倾向。

我的一些做得比较好的学生家长，他们跟孩子制定学习和生活计划，比如一周内允许孩子上网几个小时，并将这几个小时分摊在周五、周六和周日。提前跟孩子讲好规则是控制上网时间的一个方法。

另外，还有的家长选择控制电脑的方法，比如笔记本或者主机箱在一定的时间里锁起来等等。其实如果一开始跟孩子讲明白，定好规则，孩子一般是能够接受的。

(2) 对上网内容有所选择。

网络的不良信息对于孩子来说有可能会诱使孩子道德意识弱化，或者对他们的行为产生误导。

网络游戏会使孩子在沉迷的同时，花费大量的金钱去购买装备，特别是一些暴力游戏。装备能提升在游戏里的地位和攻击力使孩子有成就感，同时，也滋长孩子的暴力倾向。

在孩子上网的初始阶段，家长可以陪同和指导孩子上网，用成人的经验来帮助孩子避开网上垃圾。也可以在电脑中设置受限制站点，或设置防止孩子登陆的一些关键词。电脑加密锁定后，孩子有意或无意登陆不良网站时，电脑会自动进行筛选、剔除。

因为很多孩子把一些零花钱花在网游上。所以，家长对于孩子的零花钱的去向也应该有所关注。

(3) 对上网用途有所控制。

目前，一些病毒的制造者已经趋向低龄化，最小的达15岁。在有些未成年人眼里，"黑客"不代表罪恶，而是智慧。在未成年人的成长过程中，总会有一种想提升地位或得到他人崇拜的愿望。通过黑客技术入侵网络、控制网站，可以展示他们的高智商。

家长们应该经常性地对孩子进行健康利用网络的德育渗透，引导他们利用网络更好地服务于学习和生活，避免网络犯罪。

忌讳：

(1) 彻底禁止孩子接触网络。

(2) 对孩子沉溺网络放任自流。

2.怎样有效利用网络达到和孩子的沟通。

我有一个学生成，学习成绩和个人习惯都很好，是师长眼中各方面都全面发展的好孩子。我原以为培养出这样优秀的学生，必定是家长严格要求的结果。然而我与他在网上的一次聊天中，发现他的家长并没有刻意限制他的课余时间，而是让他自主安排自己的时间表。他喜欢在自己的博客里记录生活的点滴，而我发现每一篇下面都有一个人跟帖评价，分享他的喜悦和悲伤。言语中透出的信息让我感觉到，这准是他的铁哥们儿。而后有一篇博文的评论却泄露了这个神秘朋友的身份——"加油！儿子，你是最棒的！"原来是他的爸爸！

后来，他在博客里敲出一句声明：本人从此戒网，直至中考结束。我问起，他说他想考某学校，所以必须牺牲掉上网时间来复习。果然，他说到做到，顺利考上了那所梦寐以求的学校。再见他时，已是一身崭新的校服。

另一位学生雨，与成是同班同学，也是非常聪明的孩子。不同的是，对于网络，他完全没有自制力，一天到晚在网上游荡，手机也无时无刻不挂着网。对此，家长从来不过问。每提及此，他都说："我爸我妈忙着呢，才没空管我。"最后的结果可以想见，他什么高中都没有考上，只好去读职业技术学院，但对所学专业仍然提不起兴趣，每天只想着到哪去玩。

我经常在网上搜集信息、查找资料，有一次我输入关键字检索，一篇日志引起了我的兴趣。看下去以后，确定这是我一个学生的家长。顺着她的博客往前看，我发现她喜欢记录自己的想法和感受，写得很真实、坦诚。里面有自己的生活，有对孩子的想法，也有教育心得。反观她的孩子，是一个成绩中上、个性独立、很阳光很懂礼貌、喜欢漫画的女孩子。

有一次我跟这个孩子谈心，我问："平时你们彼此之间怎么沟通？"她说："呵呵，我们互相留言。见了面不好意思说的，我会写下来给她。"我问："那她对你这么喜欢漫画怎么看？"她回答道："刚开始是反对的，尤其在考试前，她把我的漫画书都没收了。后来，她看我的成绩还可以，就对我说，喜欢画画不错，如果你真想学，就接触下正规的绘画。然后，老妈竟然报了一个美术班给我。太让我意外了！有时候，当我不认同她的话或是跟她闹情绪的时候，我也会偷偷跑到她的博客上看看。虽然我们的想法不同，但我发现我可以理解她，她也都是为我好，只不过有时候脾气太急了。"

太过紧张的要求会给孩子造成沉重的心理桎梏，而太过宽松的管理则可能养成孩子放纵的坏习惯。我们要善于用余光来观察孩子而不是直面的逼视，将自己的要求变成隐性而非强加，还要善于从总体上来对孩子进行评价和教育而非盯住一点不放。这就好比绘画，我们总盯着一处看，就会将这个地方画得又深又重，但如果退开几步，回到整体用余光来看，就会把这部分放在一个更客观更全面的位置，通过各部分的比对，从而获得整体的层次感。

对于网络的作用也是如此，网络是时代的产物，也是趋势。孩子们需要自由的呼吸，而网络恰恰为他们提供了空间，让他们有了表达和宣泄的出口。所以，家长如何更好地利用网络来与孩子沟通，是门不可忽视的技巧。我们既然无法阻止也不该阻止孩子上网，那就让我们"潜水"，做他们的"粉丝"吧。

建议：

(1) 在他们的博客、空间中留下脚印。

看一看孩子博客中记录的点点滴滴，听一听孩子博客里的音乐，分享他们小小世界里的喜怒哀乐，探视他们那丰富敏感的心灵。在细碎生活、微观世界里，弦动我心。

(2) 自己也在网络写感受。

东方人含蓄，有些不好直接说出的爱，可以通过写来传达。家长们不妨也给自己开辟一块网络空间，写写我们自己真实的生活状态，说说自己和孩子那些既烦恼又快乐的事情，讲讲自己教育孩子的经验和良苦用心。我相信，这个向孩子真实袒露自己的你，比起喜欢老生常谈的家长面孔，更容易被孩子接受。因为彼此有了平等的身份，让他们先静下心来，倾听才成为可能。

(3) 多逛逛孩子喜欢去的网站。

孩子们喜欢网上冲浪，从这个网页跳到那个网页是他们的乐趣。同时，他们也喜欢泡在几个固定的网站上，在这里，他们往往结交了许多志趣相投的朋友。家长们不妨了解了解孩子们常去的网站，多在里面潜潜水。冒冒泡，几个月下来，你就会发现，自己不但跟得上时代的潮流，与孩子有了共同的话题，对于孩子的喜好更可把握，而且可以随时跟进孩子的思想变化，及时进行纠正和引导。

(4) 选择网络沟通者。

家长们如果没有时间经常上网、开通自己的博客空间，你也可以让事业有成、颇有教育经验的成年人，或是和孩子同龄的全面发展、人格独立的好学生来充当自己与孩子交流的中介。你不妨将他们推荐给自己的孩子做朋友，而自己则默默地关注。他们的沟通，能让孩子说出心里话，也让你更了解孩子。同时，从另一个角度注意自己的语言，反思自己平时的教育方法。

忌讳：

用另一个身份瞒着孩子跟孩子网聊，因为他们一旦知道，会感到受到了欺骗和伤害，从而适得其反。

○ 亲情贴士

青春期的孩子们常常会有一些没来由的愤怒和反抗。他们总想和家长作对，这是家长们经常困惑的地方。

究其主因，孩子从小被一些理想化的教育体制管辖。但是，等到越来越成长，变得有力量，看到的是"非榜样"的家长。看到的是和从小教育的那些名词不符的成人生活。所以要拒绝、反叛和摧毁。他们是新生代，他们要显现出自己的力量。这反而是一种代表希望的姿态。

我们应该学会理解孩子们的"叛逆"，不固执地摆出家长的高高在上的姿态，而是鼓励孩子们去尝试，和他们平等地谈心，让他们发表意见，说出自己的想法，让让他们在实践中得到成长。

○ 课外资料库

1. 新闻链接

深圳新闻网2009年9月报道，宝安区公明街道一名中学生流连黑网吧3天之后，在上学路上猝死街头。

《中国青年报》2010年1月报道，有名姓张的男孩，曾参加过三次高考，一次考上北大，两次考上清华，之所以参加三次高考，是因为他有两次退学的经历，每次退学的原因都是相同的——陷入网络游戏不能自拔。

四川新闻网2010年9月16日报道，宜宾市中级人民法院在兴文县人民法院，不公开开庭审理了一起未成年人抢劫杀人的案件。被告人唐某因无钱上网，向一名孤寡老人实施了抢劫。抢得20多元钱不满足，欲抢手机遭到反抗后将对方杀害。一审被判处无期徒刑。

中国青少年网络协会公布的《中国青少年网瘾报告》显示：目前，我国城市青少年网民中网瘾青少年约占14.1%，人数约为2404.2万。18～23岁的青少年网民中网瘾比例最高（15.6%），其次为24～29岁的网瘾比例（14.6%）以及13～17岁的网瘾比例（14.3%）。与去年相比，13～17岁年龄段的网瘾青少年比例有所下降，18～23岁年龄段的网瘾青少年比例有所上升。

2. 网络论坛上的声音

岩井俊二以青春题材为主题的作品，常常受到人们尤其是青少年观众的关注，他们甚至建立了相关论坛来进行交流。在这里，我收集了一些网友的评论，让我们来听听孩子们在网络上关于这部影片的声音：

◇当时看完很想哭，青春就是欺负和被欺负。跑到大街上，很想砸东西，拿了一块石头，对着路灯瞄准……

◇个人理解，"莉莉周"是青春期阴暗面的象征。实际上，她从未正式出场过，但却笼罩青少年（至少笼罩着她的粉丝们）。也就正如青春期会感到莫名的不安、焦虑。而且很多人批判莉莉周，就如同青少年得不到大人的理解，时常觉得自己很孤独一样。

◇她是赖以生存的空气。莉莉周是信仰，空虚的信仰。

信仰，可惜我没有。哎。。。

◇越是强大，离心越远。他所做的一切，都与内心背道而驰。

◇觉得青春是无望的。我现在就这么觉得。得不到，让别人也得不到才是正道。

◇这部片子看了很多遍。内心渐渐从刚开始的激愤不满过渡到平静安然。也许成长就是这样一个不断剔除的过程。在不断的迷失中找寻自己的方向。而后，简简单单，花好月圆。

◇觉得这就是很多人的青春。至少我从里面看到了自己的影子。

◇深有同感，喜欢这句：在不断的迷失中找寻自己的方向。也许每个人都在找寻自己的方向吧。。

◇经常会傻呆在一个似曾经历过的地方～～～

◇难道你的生活总是充实美好？？阳光？？我喜欢这类片子？。生活不是只有美好，有时黑暗也是一种美，那种你不想触碰的美。

◇拍得很真实啊。

青春本来就是这样，带着绝望……

找到了自己人性的弱点……

以前看那些什么恐怖片，惊悚片觉得没有什么好怕的。

看那些恶心的东西，也觉得没什么。

看了这个电影，竟然有崩溃的感觉，现在想起来还是。

心有余悸……

◇记得高中时有一个朋友很喜欢《关于莉莉周的一切》，给我讲。我只是听着，并不喜欢，亦不讨厌，也并不懂得她为什么喜欢。

她是开朗，很男生化，朋友很多的女孩。一头干净的短发，特立独行，心意执著。坐在学校的天台上，天空有澄澈的蓝，她转过头对我说她将来想做旅游杂志的自由撰稿人，去旅行，过自由自在的生活。过了一段时间，她开始常常不来上课，再后来就完全失去了联系。仿佛消失了。

我想她的内心一直是个小女孩，追随自己心的意志行动，不计后果，亦甘愿接受惩罚。

　　或许现在她正在某个地方旅行，肆意尽兴地生活。亦或许现实并不如她所追寻中的完满，她会受伤，某一天，她会回来，最终接受现实中的残缺。

　　但无论怎样的人生，都必须在现实中生存，承担痛苦，享受幸福。

　　无论是怎样的幸福，只有生存下来才能享受。

　　◇看了这部电影，对于星野的变化我的理解是一种反叛和自我意识，或是一种觉醒，但是却又造成了别一种错误，在迷茫的青春里寻找自我，却又迷失在那种寻找中。

　　◇其实莲见不一定非要杀死星野。没有什么是不能原谅的。

　　但青春就是这样。或许从客观的角度来说，杀死星野不是最好的。但从主观来说呢？

　　我不知道如果在很多年以后，莲见结婚了有孩子了，他又会怎么看待那天的事。人是不会变的，只是越来越像自己而已。

　　但有些关于所谓"青春"的决定，就是有些偏执的，不可理喻的。

　　每个人肯定都经历过。

　　尽管或许会觉得"这是不对的"，但做了就是做了，义无反顾的。

　　有点无奈呐。

　　况且，青春本就是，偏执、痛苦、无法理解的。

第三讲

青春残酷之校园暴力 /《牯岭街少年杀人事件》

◎片　　　名：牯岭街少年杀人事件
◎上映时间：1991年7月27日
◎出品地区：中国台湾
◎类　　　别：剧情/爱情
◎导　　　演：杨德昌
◎主　　　演：张震
　　　　　　　杨静怡
　　　　　　　张国柱

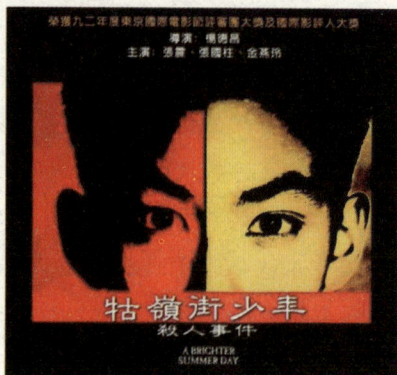

○ 剧情简介

影片是由20世纪60年代初，发生在台湾的真实事件改编而成。

60年代初，随军入台湾的家眷们逐渐形成了一个村落——"眷村"，在这里，新一代迅速成长起来。这些孩子盲目生活、没有目标。不爱学习的他们组成了一个个帮派，其中以"小公园帮"和"217眷村帮"最为典型。它们的老大分别是哈尼和山东。两个帮派为了争地盘而变得势不两立。

小四本是一个勤奋好学、沉默内向的孩子，对打打杀杀没什么兴趣，也从不参与这些团体的活动。他的家庭很普通，父亲是知识分子出身，是个奉公守法的公务员，母亲在小学代课。家里总共5个孩子，张震排行老四，所以被叫做小四。

少女小明是"小公园帮"老大哈尼的女朋友。由于父亲早逝，她的母亲只好带着她四处投奔亲友，过着居无定所的日子。母亲把一切希望都寄托在小明身上，常常对她说："你快点长大吧！"所以小明过早地成熟起来。她同时周旋于几个男生之间，甚至和年轻的医生也有瓜葛。小四在去学校医务室的路上偶遇小明，并喜欢上小明。

小四在考试时被同学滑头抄袭，因而被记了大过，父亲还因此事与校领导发生了争执。滑头欺负小四的时候，新转来的同学小马帮他挡住滑头，因此两人成了好朋友。后来小四才知道，小马原来是马司令的儿子。

一天，小四和小明一起外出，意外碰到哈尼，哈尼不但没责怪小四，还跟他谈心，一起聊看过的书，并嘱咐小四好好照看小明。小四感觉跟哈尼很投缘。随后不久，在一次两个帮派的冲突中，哈尼只身去"眷村帮"谈判，却被山东推到火车轮下。小四参与了对抗"眷村帮"的行动，老大山东被杀。

小明的母亲到马司令家帮佣，小明又开始与小马交往。这时小四的家庭也陷入了困境：父亲涉嫌政治问题而遭解聘，变得神经质起来；母亲则受牵连被免掉了教职。而小四也因冲撞校方被勒令退学。

家庭和学校所发生的一切让小四难以承受，小明的轻浮和世故让他无法忍耐。因为小明，他与小马吵翻了。在牯岭街的夜市上，小四看见了小明，再次向她表白，而她却残酷地告诉他："我是不会改变的，就像这世界一样。"失去理智的小四向小明连捅7刀，小明当场死去。最后小四被拘捕，判有期徒刑15年。

影片结尾，录音机里公布出录取的考生名单，里面清晰地传出小四的名字。

○ 我的观影笔记

小四的故事，是根据导演杨德昌学生时代的校友茅武的真实事件改编而成。1961年时，茅武还是建国中学夜间部初二的学生。因遭拒绝，在牯岭街连刺女友7刀，致使女友当场毙命。事件发生后轰动台湾，报刊以"不良少年行凶情杀"来概括这件事件。

然而影片中这个"行凶杀人"的恶魔小四，却只是一个再普通不过的孩子。他的行为没有什么异常，性格也并非叛逆不羁，甚至肯为家庭和前途去奋斗和努力。他的成绩不高不低，家庭条件一般，是一个非常大众化的、具有普遍代表性的中学生形象。然而谁能相信，这样的事会发生在他身上！但青春期孩子敏感、脆弱，喜欢将无助与无奈深深地隐藏在心里，最终因压力无法排遣而做出错事也是可能的。因此，我们就有必要对小四这样的孩子进行分析，从而找到帮助他们的方法。

1. 抗干扰能力差，不期然卷入少年帮派。

青春期，科学上来说，是指以生殖器官发育成熟、第二性征发育为标志的初次有繁殖能力的时期，通常处于成长中的10岁～20岁之间。在中国，也就是初中和高中阶段。这一阶段，个体经历着由儿童向成人的蜕变过程，人生观和价值观在这一时期慢慢形成，身心经受着成长的洗礼。因而处于这一阶段的孩子，极易受周遭环境，特别是同龄人的影响。

影片中，小四如果没有在那天无意中碰到同去医务室的小明，他的人生应该不会偏离。我在那个年纪里，身边也有许多"小公园帮""眷村帮"这样的小团体。帮派里的少年们，可以为几句口角大动干戈，可以为女朋友而付出流血的代价。

成长需要经受磨砺，但并不一定要打打杀杀；成长需要付出代价，但并不一定要以受伤、流血为筹码。多少孩子因为这些无意义的"江湖争斗""兄弟义气""情场失意"而误入歧途，挥霍了自己的花季，失去了温馨的生活和受教育的机会。人生只有一次，蓦然回首间，已没有回去的路了。

2. 感情错位，导致了极端的后果。

影片里与小四单独畅谈、甚为投机的"小公园帮"老大哈尼，被"217眷村帮"老大山东暗算，丧生于车轮之下；小四的父亲由于所谓的"政治问题"遭隔离审查之苦；母亲受牵连被辞退；自己又因顶撞校医而被开除。唯一能给小四带来希望的小明，却又转而与自己的铁哥们儿小马相好。小四的压抑和愤怒无处发泄，结果一时冲动用刀杀死了小明。

校园暴力事件的起因，无不外乎这么几类：无意间的冲突、女友感情问题、朋友之间的反目等。所有这些都指向一处——自尊心。敏感的孩子们对一切初体验都好奇，他们跃跃欲试，

小四与小明惺惺相惜，小四下决心要替哈尼好好照顾小明。

却接受不了失败的结果。而他们的个体经验，也是影响他们正在逐步形成的世界观、价值观的重要因素。对于影片中的小四来说，小明大概是他喜欢上的第一个女孩，却是遇人不淑。他接受不了这种"背叛"和"失败"，所以选择毁灭。

家有青春期儿女
第一辑　青春双子座　**37**

3.　社会、家庭的影响。

小四的家庭子女众多，父母被生活所困，在社会现实面前逐渐丧失掉了自尊。这种成长环境不由得让人沉闷、痛苦和压抑。

而同伴们彼此间的无所事事、抢地盘、制造冲突、消磨时间，正将小四这样的孩子们拉入没有精神皈依、没有人生目标的混沌深渊。连父母也不能给他们一种明确指引，他们的未来就可想而知了。

○ 课堂反思

一、建立健康的校内关系，是学习知识和健全人格的助推器。

看完影片，我们都会为孩子们感到可惜。懵懂的他们，还未充分感受到世界的美好，就已经在阴影中陨落了。

让我们再来回顾一下影片中的校园环境：

《莉莉周》中的莲见雄一，原是一个拥有丰富感受力的小男孩，却糊里糊涂地跟着星野为首的小团体做坏事，甚至成为伤害自己喜欢的女孩事件的参与者，自己也被迫在同伴的取笑声中受辱。他恨星野毁掉一切美好的东西，却只能日复一日地从属于这个毁灭者团体，在风中哭泣，在网络上寄托希望。

《牯岭街》中，小四原本也是一个置身于帮派之外的好学生，他安分守己，学习刻苦。但却被诸如"小公园帮""眷村帮"等形形色色的青年暴力团体所包围，欲罢而不能。在帮派一次次暴力行为的影响和刺激下，小四也逐渐参与进来。他先是在一次考试中，因同学滑头抢他的卷子来抄袭被学校记大过。后被滑头欺负，而结识了帮助自己的小马。接下来卷入帮派争斗，参与围剿"眷村帮"替哈尼复仇等行动。再后来却因防范带刀的小马，而杀了小明。

这不仅仅是电影而已。看看下午放学时暮色将至的校门口吧，若隐若现的烟草火光忽明忽暗，穿着古惑仔模样服装的年轻人在门口聚集，三五成群的学生在小吃店里热火朝天地喝酒……由此我们可知，在学校生活中，除了老师的领导之外，孩子们还有着自己的圈子和另外的"权力机关"。这是学生们个体生存和发展的当下处境。

在家里，每一个孩子都是万千宠爱于一身。平时习惯了我行我素，受不了半点委屈，认为自己最大，应该是要风得风、要雨得雨的；而在学校这个环境

小四在小马家中，面对小马的"仗义"，他在小马的友谊和小明的情感中间开始挣扎。

中，就难免相互之间碰到异己和摩擦。强势的孩子欺负弱小的孩子，从中获得心理满足感；性格柔弱的孩子受欺负，产生自卑感和挫折感。正如骆方、孟庆茂在《孩子的欺侮行为探秘》一文中所言："欺侮是儿童和中小学生之间经常发生的一种伤害性的攻击性行为。孩子经常受欺侮通常会情绪低落，不能集中注意力，感到孤独，逃学，学习成绩下降和失眠，严重的甚至会导致自杀；而对欺侮者来讲，欺侮他人很容易形成相当稳定的习惯，导致以后的暴力犯罪。欺侮的概念和特点说明欺侮行为是攻击、暴力行为的一种。"（《百科知识》2001年第五期，第24～25页）

"欺侮他人很容易形成相当稳定的习惯"这种情形，在不和谐的集体里、不同处境的孩子们中间，已经是普遍存在了。成人社会的行为模式和思维习惯，在人生将要怒放的青春期开始呈现，而且杀伤力极强。欺负一旦常态化，就有扩大的可能。人都有正常的生理和心理需求，欺负他人者、被欺负者长期心理变异，很可能导致性格的扭曲和人格的缺失，只能与理想越来越远。

我有一个不是那么聪明的学生，在课堂上，她因为反应迟缓、不能及时回答老师的问题，而遭到同学的恶意嘲笑。久而久之，很多同学不愿意跟她交流。她常常求同学和自己做朋友而不能，甚至她的妈妈也请求别人做她女儿的朋友。可她身边的人却是越来越少，因为做她的朋友意味着被其他同学一同取笑。最后她总是找借口旷课，因为她无法面对无止境的受伤和孤独。

实事上，电影所表现的凶杀案件仅仅是极端的个例。校园里种种失衡状态的表现是多样的，比如起绰号、讲下流故事或孤立、谩骂等，我们暂且叫做软暴力，这也是校园暴力的一种最普遍的呈现方式。而软暴力引起的消极、自闭，对孩子的伤害是非常大的，也会导致他们走向极端，最终由小事演变为后果严重的暴力事件。

欺负者对他人的残忍，很大程度上是由于缺乏集体关爱造成的。集体是个消解矛盾的最好容器，在集体活动中，通过同学间的友爱互助，可以把很多小的摩擦消除在萌芽状态。多参加集体活动的孩子，就能够养成一种关心他人的良好品行。具有这样的品行的人，自然不会去伤害别人，也能拥有比同龄孩子更多的包容。

建议：

(1) 鼓励孩子融入班集体中。

良好融洽的师生关系、同学关系，对于孩子学习知识和健全人格具有重要的影响。只有多多参与健康的校园集体生活，才能避免孩子受到不良团体和社会风气的影响，避免因自我隔绝而产生的孤僻和心理失衡。家长们要鼓励孩子尽早融入班集体，体味到群体的快乐。

(2) 让孩子多参加集体活动，参与班级管理。

班级经常会举行一些丰富多彩的集体活动，家长要多鼓励孩子参加，帮孩子准备，调动他们的热情、发掘他们的潜力、展现他们的才华，从而培养他们的集体荣誉感和团结合作精神。这样，孩子们会在付出的同时收获分享的快乐。

鼓励孩子担任班级管理工作，这既能增强他们的团队精神和责任感，也对他们的组织能力、管理能力以及人际交往能力都是一个很好的锻炼。

(3) 关注和熟悉孩子的朋友。

鼓励孩子交朋友，使他们能够彼此分享心事，在遇到困难的时候有倾诉的对象，在欢喜的时候有人分享。帮助孩子交好朋友，使他们能够互相督促、互相学习。

家长们不妨经常和孩子聊聊他们朋友间的见闻趣事，从中体察孩子们的校园生活和心态。也可以请孩子的小伙伴们经常来家里玩儿，看看他们眼中的朋友的真实面貌，帮助和引导孩子的交友，偶尔参与下他们的小谈话，也为自己的生活增添一些小趣味。

(4) 对自己孩子不恰当的行为要勇于指出和纠正。

有些家长纵容孩子惯了，导致孩子们分不清场合，在学校或其他公众场合如同在自己家一样骄纵。这种唯我独尊的任性和某些坏习惯，在集体中是无法立足的。所以，对孩子的行为习惯要从日常的点滴做起，对于不恰当的做法要及时对孩子说"不"，这样才是真正对他好。

要知道，拥有良好品质的人才会在集体中受欢迎。

(5) 建立孩子正确的是非观、价值观。

很多孩子加入不健康的小团体，并非主动要求，而是从众心理作怪。这类孩子首先对自己的价值观、是非观模糊不清，所以一旦发生事情，他没有一个明辨是非的能力。因此，家长们应尽早帮助孩子建立正确的价值观和是非观。

忌讳：

(1) 纵容和鼓励孩子进行任何形式的攀比。总是对孩子说："你看谁谁多好啊，你比他差远了吧？""别跟谁谁在一起，你看他多笨。"

(2) 阻挡孩子加入班级活动的热情。总说："管好你自己的事就行了，操那么多心干嘛，那是老师的活！""别当班干部，太影响学习。"

二、培养他们对环境的选择能力

《牯岭街少年杀人事件》中，小四性格沉默寡言，这样的孩子喜欢把喜怒哀乐藏在心里。小四的家庭充斥着父母对于生活维艰的抱怨，学校里滑头抄了试卷不说，自己还被学校记大过背黑锅。他无论在家还是在学校，都是相对孤独的，没有可以倾诉的对象。碰到了小马和小明之后，以为找到了知己和爱情，谁成想又被两人背叛。对于小四来说，愤怒的一再压抑，使得他在这个失望的世界里寸步难行。杀人成为他最后的宣泄手段。

而在上一部影片《关于莉莉周的一切中》，有着久野的例子：在班级要参加合唱比赛的训练中，她的优秀引来嫉妒，一群女生以不参加比赛为由要挟老师，要求换掉久野的钢琴伴奏，改由另外一位女生代替。在陷入僵局的时候，久野做出了这样的举动：把歌谱改动成不需要钢琴伴奏的，大家清唱。她被同学强奸后，并没有像津田那样自杀，而是把头发剃光，在众目睽睽下走进教室。自始至终，她都要坚强和抗争。在艰难的环境里面，她选择了活。

小四和久野，虽处于不同的年代、不同的国度，但是他们有着相同的年龄和艰难处境。只是他们的选择不同：一个选择毁灭，一个选择重生。

有时候孩子的纯真也体现在不够灵活上，他们往往只看到事情的一面，却看不到它的多样性和可选择性。就如莲见，他固执地留守在那个自己憎恨的团队里，让自己在痛苦的漩涡中不可自拔，在无人指引的成长道路上迷失着。

我曾教过一位患有抑郁症的学生。他并没有像人想象的那样沉默，而是狂躁不安：踹桌子，揪辫子，扔书包，起外号……班上很多女生都被他欺负过，一个坐在他前面的女孩子甚至吓得不敢去上课，而他隔壁课桌的另一位女生却是个例外。我问她原因时，她说："刚开学他就给我起外号，我不理他，当没听见。他喊来喊去觉得没意思，后来就不开我玩笑了。反正我不怕他，他估计也看出来了！"

欺负之所以变为经常，取决于被欺负者的态度。消极的承受一定会加大施暴者的气焰。

不管自己的孩子身上是否发生过类似事件，都应该先打好预防针。学校里总会有一些不和谐的声音，同学之间矛盾也是不可避免的，关键是要教给学生如何处理和应对校园暴力侵害行为。孩子的学校如果发生了暴力事件，也要客观地跟孩子讨论。通常来说，针对同伴或同学的恶意挑衅，比较有效的应对措施是：告诉老师、请求朋友的帮助、不予理会；而无效的或失败率较高的应对措施往往

小四在镜中无意瞥见自己的模样，那样一张迷茫和失落的脸孔。

是反击或消极承受。

建议：

(1) 对孩子要有些前瞻性的引导。

对于有可能发生的事情，或者已经发生在孩子周围的事情，要有一些可行的引导和处理方法。和孩子沟通，让孩子选择可以接受的方式方法。比如学校发生了一些事故，你要和孩子探讨交流，这种情况下，应该怎样做才是最恰当的。或者在报纸上看到社会上的一些事情，问问孩子的判断力和反应能力。

(2) 做孩子的听众。

经常倾听孩子的心声，只要他愿意说，你就要做好听众。有时候，孩子自己碰到困境，他可能这样问："假设……情形发生，你会怎样做呀？"当你听到这样的讯息时，你要想想，是否是孩子遇到不好开口的问题了？自己的回答会对孩子产生什么样的影响？这时候，你一定尝试跟孩子沟通，并说出自己的指导性立场。

(3) 坚守自己的是非观，不要太从众。

一些孩子由于害怕被大伙儿孤立，有时被迫加入某一个团体中或者是被某团体中的成员威逼、唆使、拉拢入伙。这样孩子就很可惜地受了不好的影响。或者是被迫做出不愿意的不良行为。家长要留心孩子的反常举动，要经常性地了解他的所处环境，并且可以敲敲耳边风，比如：要有自己的判断力，不一定大众的流行的都是好的，流行性感冒就不好。

忌讳：

孩子出现些问题，就说些挖苦讽刺的话刺激他们，这样只能把孩子逼上极端。不要对他说："我要是你，我都不活了！""真丢人，你还要脸不要？""你真窝囊！""我怎么生了个你这样的孩子？！"

三、警惕：暴力影视、游戏预警！

这里引入有一个很有名的影片《大象》：

这是美国一所高中普通的一日，天空湛蓝有阳光，每个人在校园里有序地进行着自己的生活：逃课未果的John，被父亲送回到校园；喜欢摄影的Elias，在校园内外拍过一些人物和风景后，来到学校暗房冲洗照片；新交了女朋友的Jordan，和女友经过的时候正被与他有过关系的女孩窃窃私语；被人冷落情绪异常低落的Michelle，来到学校图书馆帮助做工。

校园之外，在Eric家中，Eric和Alex对纳粹形象和暴力游戏非常迷恋。午睡过后，在互联网上订购的枪支送到家里。两人身穿美军野战装、手持冲锋枪走进校园，开始大开杀戒，上述人员都被射杀。

枪击案的主角Eric经常受到本班同学的欺负，平时不敢发泄。影片中，他在食堂走了一圈，碰到同学，还说要有惊喜发生，原来只是去为自己的杀戮踩点。镜头中出现了电脑上的杀人游戏、随意点入的卖枪网站、电视画面中的法西斯纪录片，这是Eric和Alex误入歧途的原因，Eric和Alex选择还击，将游戏从电脑里移植到生活中，玩上了真正的杀人游戏。

1996年，《古惑仔》系列电影在一些录像厅里播出，几乎影响了整整一代人，现实生活中出现了很多模仿古惑仔的青少年帮派，而这样的模仿似乎从未停息过。前不久电视上播出了一个青少年黑社会性质团伙对一个网吧的打砸殴事件，当事人最小的只有13岁。当这些孩子接受采访的时候，他们说看了类似《古惑仔》的电影后，自己也特想组建一些帮派，因为他们觉得里面的人都很厉害很酷，天不怕地不怕。青少年受影视影响，在校园中拉帮结派打群架，致使暴力活动规模化、组织化，暴力事件复杂化、预谋化和智能化程度上升。一些国内外的调查研究资料显示，各国所发生的校园暴力中，集体实施的侵害行为要比个体实施的行为多1～4倍。

这就是青春：你给我一颗糖我就会甜蜜，你给我一把刀我就会杀人。

小四无意中陷入"小公园"帮派，并无意识地卷入与另一群少年帮派的争斗。

那些被孩子内心无限放大的"少年愁"总是无处安置，从而变成"无因的反叛"。由上所述，青春期孩子由于模仿能力强、分辨能力差，再加上充满胸中的青春激情无处发泄，于是很容易沉溺于众多影视作品和网络游戏中无法自拔。他们一脚踩在虚幻里，一脚踏在现实中，他们学电视剧里的帅哥耍酷、学电影里的黑社会群殴，他们玩极品飞车太不过瘾，CS、魔兽的爆头流血才能泄愤。模仿得久了，自己就成了电影人物，长期泡在网游里，就分不清虚幻和现实。影片中埃里克在射杀了教学楼里的老师和同学们后，竟是一副雄赳赳气昂昂的样子。正像他和同伴出发前所说的：玩得高兴！

我们作为家长，一定要警惕这些黑色影视和游戏对孩子的负面影响。

建议：

(1) 整理自己家庭里的文化空间。

管理和建立起良好的文化空间，家长要从自己做起。孩子能够接触到的书刊、杂志、影视光碟，要保证其丰富的知识含量、积极健康的精神面貌和深刻的内涵。环境的熏陶对孩子的成长起着至关重要的作用，如果孩子长期阅读和观看高质量的读物，会养成他们勤于思考的好习惯。家长不能保证质量的读物，请尽量不要暴露在孩子视线所及的范围。

(2) 控制孩子玩网络游戏。

如果能控制，请尽量延迟孩子接触电脑游戏的年龄。如果孩子已经接触了，那么：

在孩子玩游戏开始，就讲好时限。

如果自己有时间，家长们不妨以身试游戏（自己不接触，孩子会觉得反对没理由），挑出一些适合孩子玩的游戏。

如果孩子对游戏已经上瘾，那就像戒烟的过程一样，用递减的方法。从网络游戏转为单机游戏，从单机游戏上控制时间。

忌讳：

(1) 让孩子觉得你对他们和自己两个标准，不允许孩子接触不良文化信息，却对自己破例。

(2) 不给孩子讲清楚道理，只一味对孩子说："大人的事，小孩儿别管！"

○ 亲情贴士

游戏为什么能让孩子这么上瘾呢？我总结了以下几点，看是否能对您有所启发：

1．简单而循序渐进：开始时不会有很复杂的操作，让我觉得即使愚笨如我也可以玩；每一关都比上一关难一点儿，上一关的练习对下一关有很大帮助，我可以做到而且是稍作努力就能做到。

2．没人逼迫：过关的过程中，无论过关速度快慢，电脑都不会催我"快点儿，快点儿！你怎么那么慢呢，你看人家隔壁的小孩，人家怎么能那么快！"如果我因为无法过关而决定放弃，电脑也不会说"你做事情怎么那么没有耐性、没有毅力啊！"

3．持续刺激：无论我多笨多慢，只要持续打，电脑都会给我加分，而且永远不会清零，对我以前的努力，电脑都有记录，不会说"荣誉属于过去"；同时每过一关，游戏都会给我新的装备作为奖励。

4．总能补救：Game over不代表游戏真的结束了，总有另一种方式可以补救。游戏不会说这次不及格，就永远记录在案，以后总拿它说事儿。生活中荣誉属于过去，而耻辱却总被记起！

5．游戏攻略：如果实在过不去某关，使用游戏攻略时，电脑会无条件地帮助我，它不会说"怎么这么简单的关都过不去？！我以前没讲过吗？！人家怎么自己就会，你却一遍一遍地讲解也过不去！"

○ 课外资料库

1．新闻链接

1995年1月，四川成都一名初中学生由于受到他人欺侮而自杀；

2006年9月，北京市商务科技学校40多名学生在校内群殴，导致其中一名学生被乱棍打死。

2010年我国校园暴力事件更是日趋升温：

4月，哈尔滨双城市连发校园暴力事件；

5月，广东汕头一中学发生3名女生毒打1名女生并脱去其衣服、北京海淀艺校学生在课堂上辱骂老师。

10月，广西柳州一名年仅15岁的少年，发展2名在校学生充当"马仔"，先后对20多名学生收取"保护费"。柳州市柳南公安分局鹅山派出所经过调查取证，于26日将该少年抓获。

11月，广州白云区警方经过缜密侦查，准确出击，抓获13名涉黑犯罪嫌疑人，捣毁以冯X希、冯X钊兄弟为首的黑社会性质犯罪团伙"黑龙会"。据警方透露，这也是白云区首次捣毁组织如此严密、仅团伙成员名单资料就达10本的涉黑团伙，也是首次发现涉黑犯罪团伙在校园内发展"小弟"。

2. 在此引入我和学生的一组对话，希望家长看后能有所启发：

枫溪16:50:23

你觉得校园暴力可以避免么？

旋转、慧16:52:43

校园暴力没法避免

旋转、慧16:53:09

校园暴力往往因为一些小事

枫溪16:53:17

对于自身来说　怎么保护自己？

校园黑势力存在么？

旋转、慧16:53:20

存在啊

旋转、慧16:54:00

那些人其实很客气，不招惹他们往往没事

枫溪16:54:35

惧怕校园黑势力　是害怕和校园暴力扯上关系？　还是敬畏或者说迷恋那种酷酷的感觉？

旋转、慧16:55:20

后者

旋转、慧16:55:00

在他们找到我时，打招呼、聊天都没问题　只要不参与他们之中的任何一件事

旋转、慧16:55:52

他们喜欢"哥们儿"的称呼

枫溪16:56:56

那他们一般是不是都比较抵触学习？

旋转、慧16:57:14

大多都是

枫溪16:57:39

那保护自己的方式是　保持距离？

枫溪16:57:46

不参与？

旋转、慧17:00:29

距离拉的太大了，他们可能会误会成"劲儿"

枫溪17:00:43

这个度还真不好控制

旋转、慧17:01:03

确实

旋转、慧17:02:04

不过他们挺讲道理的

第二辑
为什么没人理解我

青春是美丽的，青春又是痛苦的。

美丽因为年轻无极限，因为一切皆有可能；

痛苦在于心里的小小心事无处言说，

激情无处发泄。

他（她）是否曾经尝试向你倾诉，

而你却毫不在意？

他（她）是否曾对你说出真心话，

而你却毫不相信？

孩子成长的路磕磕碰碰，我们作为家长，

能为他们做什么？

精选影片：
《心灵捕手》
《弱点》
《叫我第一名》

拓展影片：
《巴别塔》
《自闭历程》
《阿甘正传》

第四讲
当沟通成为可能 /《心灵捕手》

◎片　　名：Good Will Hunting

◎中文译名：心灵捕手

◎上映时间：1997年12月2日

◎出品国家：美国

◎类　　别：剧情/心理

◎导　　演：格斯·范·桑特 Gus Van Sant

◎主　　演：罗宾·威廉斯 Robin Williams

　　　　　　马特·达蒙 Matt Damon

　　　　　　明妮·德瑞弗 Minnie Driver

　　　　　　本·阿弗莱克 Ben Affleck

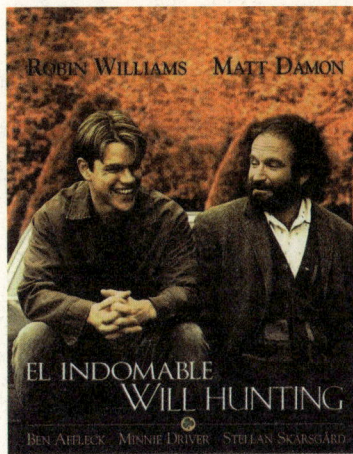

○ 剧情简介

　　这个叫做威尔·杭汀的男孩，是位绝顶聪明却叛逆不羁的年轻人。他在美国波士顿南区贫民窟长大，却拥有异于常人的数学天分。但他却只不过是麻省理工学院的一个清洁工。

　　他过着矛盾的生活：他一面担任大楼的清洁工作，完成后就和一帮工友去酒吧喝酒混日子，讲些下流笑话逗乐；另一面，他在做清洁工作的同时，却留心了教授们在黑板上留下的难题，以极快的速度解答出来。

　　蓝波教授发现了他解答的数学题，认定他就是一个数学天才。此时，威尔因为和人打架滋事而被送进少年看护中心。蓝波教授费心地将他保释出来，但前提是他要参与数学研讨，并接受心理辅导。蓝波教授期望威尔能重视并发挥自己的天赋，不再浪费生命。

　　但是，威尔对此并不配合，他耍弄了众多知名的前来辅导的心理专家，心理学家换了一个又一个，但是没人能够使威尔打开心扉。即使面对自己喜爱的姑娘，因为威尔自己的心理阴影，也不敢和她深入交往。

焦急的蓝波教授无奈之下去请与自己有段纠结过往的大学好友西恩出马。

西恩强调"信任"，以"信任是突破心防的重要关键，彼此不信任就无法坦诚相待"的信念使威尔打开心结。原来因为威尔幼年曾经受继父虐待，致使他不相信他人。甚至面对自己的爱情，也选择逃避。

西恩对威尔讲述自己的故事，用自己的亲身经历和威尔分享，日渐抚慰威尔受创的心灵，帮助他重拾对人的信任。加上好友查克的鼓励，威尔终于鼓起勇气追逐女友。与此同时，难忘丧妻之痛的西恩在与威尔互动的过程中，也受到来自威尔生命力的冲击，亦逐渐开启因丧妻而封闭的心房，重新追寻情感的归宿。

○ 我的观影笔记

当个体面对自我的时候，往往缺少对自己的诉求，而将注意力和暴力转嫁于他人，从而寻求心理的平衡。这是每个人在现实生活中都会遇到的内心挣扎。

主人公威尔的生活是迷茫而又充满矛盾的。他才华横溢却出身卑微，有数学天赋，能解答超难度的数学题，却只能在名校做清洁工。他以自负、嘲弄的心态修理哈佛小子，戏弄心理专家，破解数学难题，是为了掩饰内心的伤痛与无助。他遇见自己喜欢的女孩却没有信心，害怕条件优越的女孩抛弃自己，拒绝面对与他家世相差悬殊的她来设想两人的未来，便先行抛弃别人，不敢尝试与人建立起亲密和信任的关系。

威尔很喜欢女友，却不敢再次与她约会。

这一切都源自于威尔幼年时所受到的继父的虐待。幼年的伤害对心理的影响是巨大的。使得威尔不再相信人，对自己的心灵也持封闭态度，拒绝任何人走进他。所以，他只有从书本上找到心灵的寄托和归宿，对艺术、战争、感情的认知，都是从画册上、莎士比亚的诗句里获得。他没有现实生活的经验，却以满腹的知识和一流的智商俯视着遇到的每一个人，嘲弄他们，并拒绝沟通。他生活在自负与自卑交缠冲突的矛盾世界，心里却藏匿着逃避与自卑。

惜才的蓝波教授请了心理医生给威尔做治疗。前后5个著名的心理医生在面对威尔时却纷纷落马，被威尔耍得颜面全无，甩手而去。蓝波教授最后求助西恩——他大学时代的室友，一个心理学教授。理由是：他和威尔有一样的背景，都来自于南部（欠发达地区）。

前几位心理医生虽为名家，却是高高在上地俯视着威尔。这种态度使敏感叛逆的威尔反感，沟通自然是不可能的。所以他利用自己的聪明耍弄对方。而西恩和威尔有共同的成长背景，用自己的故事去交换威尔的心声。他是在与威尔平等地交谈。

西恩用刻骨铭心的生命体验向威尔发出邀约，他说："除非你谈自己，说你是谁；那我就着迷，我愿意加入。"

所以我们在与孩子沟通的时候，是不是也要提前做足功课呢？沟通是双方的事情，首先自己要用怎样的态度和语气与孩子交谈？你是否和孩子说话的时候却总是绕来绕去打擦边球，或者被孩子的一句话噎了回去？孩子是否会敞开心扉畅所欲言？

青春期的孩子如同威尔般敏感、脆弱，缺乏安全感。在父母对他们学习期望的强大压力下，他们的躁动、不安，无处倾诉。他们在"学习搞好了再跟我谈别的""不好好学习操别的心干嘛呢"等等声音下，逐渐对家长封闭了自己的内心。

经常有一些出了问题的孩子的家长到学校来，跟老师沟通的时候，这样说："我儿子不会做出这样的事情的，他在家里乖着呢。"但是事实摆在眼前。家长袒护着孩子，心里面还是孩子小时候的样子。因为眼前的事情让他们觉得陌生。

但对于成长期的孩子来说，他们是如此新奇地感受着世界、社会和成长。他们每一刻都是崭新的。他们的生活里面不该只是充满了智育教育。他们对很多人生经验好奇，对生理和心理变化不安。他们需要倾听者。

亲爱的家长们，你们是他们的倾听者么？

○ 课堂反思

一、沟通的前提是什么？是信任和真诚。

威尔不愿意与人沟通，这要归因于他儿时的成长环境：继父经常对他施加暴力。心理创伤无法平复，最终导致内心深处对他人的抵抗与怀疑。

威尔被迫接受心理治疗，这是他得以保释的前提条件。威尔虽然听从安排与几位心理医生聊天，但他并没有敞开心扉，而是一味地以自己的智慧嘲弄他们，用刻薄和狂妄来掩盖内心的脆弱。他像保护自己的领地般关上了心门，而心理医生们又受不了他的愚弄，不愿意想办法进去帮他，双方没有真诚和信任的交流，自然无法解决问题。

直到遇到西恩教授，他用刻骨铭心的生命体验向威尔发出了心灵邀约。他不是以心理专家的身份与威尔对话，而是从朋友的角度真诚地交流，他真心希望能够帮助威尔解开心结，重新拥抱美丽的世界和他人。在威尔面前，他不避讳说出自己内心的创伤、不避讳袒露真实的自己，这让威尔感受到了从未有过的温暖。我们来看看西恩和威尔的第三次面谈：

威尔：我上礼拜有约会。

西恩：怎么样?

威尔：很好。

西恩：要再约会吗?

威尔：不知道。

西恩：为什么?

威尔：我没打给她。

西恩：天哪，你真没用！

威尔：放心，我知道我在干嘛。这女孩很漂亮，聪明风趣，她跟我以前认识的女生不一样。

西恩：那就打给她，罗密欧！

威尔：让自己发现她没那么聪明吗？很无聊吗？这女孩现在很完美，我不想破坏。

西恩：或许是你不想破坏你的完美。我觉得那是极好的哲学，这样可以一辈子不认识任何人。我太太一紧张就放屁，她有各种奇妙的小特质。你知道，她睡觉会放屁。抱歉跟你讲这种事。有天晚上大声到把狗吵醒！她醒来说："是你吗"，我说是。我不忍心告诉她，天哪！

威尔不相信地笑：她把自己臭醒？

西恩跟他一起笑得喘不过气来：是的。是的，而且她一直以为是我。天哪，她去世两年了。而那是我记得的事。像那样的小事很奇妙，那是我最想念的事。这些小特质让她成为我太太。她也知道我所有的小瑕疵，人们称之为不完美，其实不然，那才是好东西，能选择让谁进入我们的世界。你并不完美，我不吊你胃口，你认识的女生也不完美，问题是你们是否完美地合适。亲密关系就是这么回事。你可以知道全世界的事，但发掘的方法就是去尝试。你不能跟我这个糟老头学，就算我知道我也不告诉你。

威尔：为什么？你其他事都告诉我了，天哪。你的话比任何心理医生都多。你想过再婚么？

在西恩真诚的心灵邀约下，威尔终于敞开了封闭已久的心门。

西恩：我太太死了。

威尔发现了对方也有弱点。

威尔能够逐渐打开心扉，把自己的事情讲给西恩听，是因为西恩同时把自己的经历甚至是隐私说给威尔，这样他就赢得了威尔的信任。要想获得对方的信任，前提是你得去信任对方。

成人的世界太狡猾了，总想用少的东西去获取更多的。把这种心计用在孩子身上是没得赚的，因为孩子太敏感，他还相信世界的无限美好。一旦孩子被伤一次，你就会失去全部的信任。真要想走进孩子心里去看看，就先让孩子走进你的心。

沟通的真谛在于——真诚地交换，做朋友就要以心交心。不是掏出你的，藏着我的。这才是平等。

影片有这样一个片段：当蓝波教授找到西恩教授的时候，他正在讲台上为同学讲课，他说："信任，在感情上和临床上都很重要。为什么信任对于突破患者心防线是最重要的关键？因为信任就是生命！若病患不信任你，就不会坦诚相对，治疗对他们来说就毫无意！"

西恩教授是这样说的，也是这样践履的。

建议：

(1) 交流的方式有多种，但前提是信任。

很多沟通并不一定是一场多么正式的深入交谈，它可以是一次餐桌上的闲聊，可以是不经意间的几句问询，也可以是博客上几句简短的留言。这些话语看似随意，但效果却不可小觑。让他感受到你的爱和关切，让他看到你的亲和与真诚，让他看到你交流的渴望，他自然会向你敞开心扉。

如果你和孩子之间的隔膜已经很深，不妨从自身找找原因，与孩子进行一次促膝长聊，承认自己的错处，看看孩子是否会慢慢卸下防备。如果担心情绪不稳或尴尬场面出现，那么不妨以写信的方式交流，坦诚自己的看法，也不失一个好办法。

家长要记住，如果孩子肯开口和你聊，无论是否它是你感兴趣的话题，无论是否跟学习有关，都请你认真听一听。不要孩子一说话，你就持怀疑和否定的态度，信任的建立需要生活点点滴滴的积累！

(2) 在孩子的成长路途中，多陪陪他们。

一起共处的时光是用任何东西都代替不了的，所以家长们一定要珍惜，不要等孩子远走高飞的时候才伤心落泪。尽管这些时光会有痛苦、有矛盾，但看着他们一天天长大，本身就是人生最快乐的事情。

不要妄图单纯以物质来补偿自己无法经常陪伴孩子的种种借口，在物欲横流的今天，要让孩子感受到来自家的关爱和温暖，让他们明白什么才是世界上最可珍惜的。感情永远是无价宝。

一起共处的时候，家长还可以在孩子的言谈举止和举手投足间，更细致地感受他们的心态，从而进行适时的教育。

(3) 有时候，孩子远比你认为的成熟，你也需要孩子的理解。

不要总以为孩子是永远长不大的幼稚孩童，不要总觉得他什么都不懂。其实有的时候，你并不像自己想象的那样全知全能，孩子也远比你想象的要成熟。不要惊奇于"小孩子说大人话"，一方面他们接受信息的方式现在更加多元化，网络、媒体，将他们带入了一个无所不能的时代，各方面的信息使他们更早地成熟起来。另一方面，他们与家长朝夕相处，家长的喜怒哀乐、一举一动都逃不过他们的眼睛，他们清晰地洞彻着家长们的想法。

青春期里孩子们的心真的是很奇妙，一方面他们浪漫稚嫩，对一切充满了天真的渴望，另一方面他们又十足的老成，讲起事来头头是道。跟如此可爱的孩子们交流，你完全可以说出自己的真实想法，真实一点没什么不好，或许你的困境甚至可以在他们那里得到安慰和救赎也不一定呢。

忌讳：

在自己的心里筑起一道围墙，孩子说什么都不肯相信，经常这样对他们说："你说的是真的吗？""你就编吧！""不可能！我可不信！""你以为我不知道你什么样儿呀？"

二、自己要先能敞开胸怀

别把所有的心思都放在顾及自己的事务应酬和虚伪颜面上，别太"家长"了！

西恩把对威尔的心理治疗地点改到室外，并对自己的生活侃侃而谈。

一些家长事业上蒸蒸日上，整日忙得不可开交，但却很少有时间跟家人待在一起。平日里甚至都见不到孩子的面，直到孩子出了些状况才惊觉忽视孩子许久。另一些家长则抱有严格的等级观念，认为家长有绝对的权威，很多话题不方便和孩子沟通，自己的事情也很少对孩子提及，怕有伤自己的威严。很多家长嘴上口口声声地对孩子说，愿意做孩子的朋友。然而真到和孩子交流的时候，却只想窥视孩子的心灵，自己却设起了城府。

其实由于孩子的交往圈子有限，无论在学校里他有多少好友，但他始终最密切关注的、最了解的，就是家长你。你的一举一动他都看在眼里记在心上，所以家长们不必太像"家长"了，真实一点与孩子接触没什么不好。

影片中第一个著名的心理专家应邀对威尔进行治疗，却不小心掉进了威尔的陷阱：

心理治疗师：要摆脱不容易，来，多讲点。

威尔：我做过一些事。

心理治疗师：哪种事？

威尔：我做过……你知道……我躲避人群。

心理治疗师：你躲避？

威尔：不，我也去一些地方交朋友。

心理治疗师：真的？哪种地方？

威尔：一些酒吧。

心理治疗师：再来，很好，哪种酒吧？

威尔：比如"幻想"，还不错的地方。

心理治疗师：好，多讲点。

　　威尔：一进去整个人就被音乐包围，音乐一起，砰……你就会开始跳
舞。

　　心理治疗师：是的。

　　威尔：隐瞒你是同性恋很难吗？

　　心理治疗师：你在说什么？

　　威尔：兄弟，两秒前你准备扑向我。

　　心理治疗师：很抱歉让你失望了，威尔。

　　威尔：困难的定理就像性感的交响曲。

　　心理治疗师：蓝波，你找别人，这个人我应付不来。我不能再做这种
公益服务了，不值得。怎么了？我要上电视做访谈，没空理你。别再提这
个胡言乱语的疯子（威尔）！

　　这个著名的心理治疗师忙着上电视做访谈，在临床上却应付不来，反而被
威尔反心理了一把。首先他没有真正想去了解对方，只是一味地站在高处试图
找出对方说话的漏洞和错误。他也没有先去掌握一些对方的特点和信息，只想
从对方陈述的话语中捕捉一些信息完成任务。

　　这和我们的某些家长颇为相似，他们往往先把自己定位在家长的权威位置
上，心里装着先入为主的偏见和自己的无数应酬，匆匆地抽出宝贵的时间跟儿
女聊几句，却听不得一点自己不爱听的语调，害怕会损了自己的尊严，面子上
挂不住。

　　随着年龄的增长，孩子们会形成一个非常敏感而又丰富的内心世界。别看
他们有时对你冷冰冰的，其实内心却是非常期待能和家长聊几句的，可很多孩
子都抱怨没有这个机会。有个孩子曾告诉我："没办法和爸爸聊天，我总是
几句话就把他惹毛了，说自己没大没小。结果是被批一顿。所以觉得跟爸爸沟
通是不可能的。"

　　孩子是他自己，而不是家长的附属物。如果想要听听孩子的心里话，就先
把他当成另一个独立的人来看待。蹲下身来，和孩子保持一样的高度，他才愿
意畅所欲言吧？

建议：

(1) 放下家长的架子，平等地与孩子交流。

交流是双方的事情，无论家长还是孩子，都是平等的家庭成员。如果事先就把自己"武装"起来，定位成一副权威的脸孔，那么必然听不到孩子的真心话。因为你自己戴着面具，你自己没有袒露内心，凭什么又期望孩子对你付出真心呢？

(2) 孩子什么都愿意跟你说，这是好事！

孩子在校园的环境中，同学之间彼此会习惯使用一些流行语，它们有可能是身为家长的你所不熟悉的。家长们不妨先上网了解一下这些词语的意思，再给出孩子建议，但不要武断地加以限制（不文明的语句除外）。试试看，没准你也用这样的语气跟孩子讲话，孩子更愿意听，更觉得你是同伴呢。

(3) 形成经常性、常规性沟通的习惯。

沟通需要经常性地进行，无论事情大小，这样才能真正促进了解。

比如和孩子一起拟定一个定期举行的"家庭聊天日"，将沟通形成习惯。或是设定一个"家庭小会议"，在"会议"上把一周里的家庭问题，比如收支的核算，家庭小矛盾摆上桌面来探讨。这样，一方面培养了孩子参与家庭事务的热情和家庭责任感，另一方面培养了孩子的独立精神，而且他们会自觉地寻求倾诉和聆听。

(4) 不要只想着从孩子嘴里套出话来，自己却只字不谈。

沟通是相互的，试着也多谈谈自己，孩子才能更了解并理解你。

这里有一个成功的家长教育的例子：孩子一连好几天拒绝去上课，爸爸找老师和同学了解情况，发现原来是孩子在学校里当众做了一件囧事，害怕被大家笑话。于是，爸爸对孩子也讲出了自己当年碰到的更糟糕的一件事情，并告诉他，学校里永远不乏新鲜的囧事，大家很快就会忘记的，而且大家的笑话并非恶意，事情都会过去的。至少，你还有爸爸陪你垫底呢！于是，孩子开心地笑了，第二天就去学校上学。

(5) 家长要敢于放下面子，勇于承担。

遇到一些自己做得不妥帖的事情，如果孩子指出来，要勇于承认和服输，不要强词夺理。服输并不会影响家长的威严，相反，孩子会因此更加敬佩你，听你的话。因为这后面有一个品质，那就是诚实。

忌讳：

这样对孩子说："说！说你以后还干不干这类事情。""老子还轮不着你来教训！"

三、但愿你们有共同的爱好

关心孩子的爱好和兴趣，这是沟通的入口。所谓"知己知彼，百战不殆"，这句话也可以用在教育子女上。如果你对自己孩子的喜好一无所知，比如你只知道他喜欢吃哪道菜，而不知道他喜欢看哪本书的话，那你同样是一个不够格的父母。让我们先来看看心理教授西恩和威尔的一段谈话：

威尔：你不后悔认识你太太？

西恩：我现在的痛苦只是有些遗憾，但我不后悔跟她共度的每一天。

威尔：你几时认定她就是你的理想对象？

西恩：1975年10月21日。

威尔：天哪，你他妈的连日期都记得！

西恩：对，那是世界大赛第六场，红袜队史上最重大的球赛。

威尔：没错。

西恩：我和朋友睡人行道排队买的票。

威尔：你有票？

西恩：对，比赛当天，我们坐在酒吧等球赛开始，有个女孩走进来……那是场很棒的球赛，下半场时，矮冬瓜菲克斯上场，他站上本垒，姿势很怪，打击出去，左外野高飞球，三万五千人站起来对球吼，菲斯克像发了疯似的挥手说，飞过去……结果球飞到边界，三万五千名球迷冲到场上，他大叫"大家让开，让开……"

威尔：我真不敢相信你有票，你有冲到场上吗？

西恩：我没冲到场上，我不在场。

威尔：什么？

西恩：我跟我未来的老婆在喝酒。

威尔：你错过菲克斯的全垒打？

西恩：对。

威尔：跟一个不认识的女人喝酒？

西恩：对，你该看看她，令人惊艳！

威尔：我才不管他妈的……

西恩：她让整个屋子亮起来。

威尔：西施走进来我也不在乎！天哪，你朋友就这么放过你？！

西恩：他们没办法。

威尔：你跟他们怎么说？

西恩：我把票滑过去，说，抱歉，我要去找一个女孩。

威尔：你那么说？

西恩：没办法。

威尔：他们就放过你了？

西恩：对，他们看到我认真的眼睛。

西恩：你骗我。

威尔：我没骗你。

西恩：所以我现在不会因为……当年没和她说话而懊悔终生，我不后悔跟南茜结婚的18年，不后悔为她的病放弃心理辅导，不后悔那最后几年守着重病的她，更不会后悔错过球赛。只是有点遗憾。

威尔：看到那场球赛还是不错的。

西恩：我不晓得矮冬瓜会当仁不让。

　　从聊比赛到聊爱情，这样随心所欲、海阔天空的谈话激起了威尔极大的兴趣。在漫不经心间，西恩就完成了对威尔的教育——人生中什么才是最重要的，这自然包括对待爱情的态度。

　　对于爱好，孩子们总是很有兴趣去聊一聊的，他们很关心这些他们刚刚起步的人生中碰到的感兴趣的事情，这对他们来说无比重要。也可以说，他们并不知道区分重要事物的标准（事实上，想找到一个标准也是不可能的事情），他们喜欢、在乎的就是最重要的。所以他们捍卫偶像的形象，用节省下来的零用钱去看演唱会买唱片。如果我们平时能够留意孩子们的兴趣点，无论是足球、偶像还是漫画，这都可能是一个绝佳的打开沟通大门的机会。

建议：

(1) 和孩子交流各自的爱好，如果志趣相投，那就更棒啦！

和孩子交流爱好的同时，让孩子了解到你也是一个有真性情的人，这会增加孩子对你的信任感和亲密感。仔细捕捉吧，看看能让孩子们眉飞色舞的东西都是什么？如果你们拥有相同的爱好，那恭喜你，你中奖了！朋友不就是这样炼成的吗？！

(2) 对孩子的爱好有一个粗浅的了解，做到"有备无患"。

如果你们的爱好各不相同，你甚至对他的喜好一头雾水，这也没关系，但你必须有走进孩子的喜好的尝试。感受一下，也许你会因此而更了解孩子，甚至喜欢上这个小爱好。

如果你能对孩子的爱好侃侃而谈的话，孩子自然会认为你很博学，会更容易与你有共同语言，凡事都会喜欢与你商量。

(3) 和孩子聊天前要做功课。

我们都有这样的常识，凡事如果做好充足的准备，那么成功的可能性就很大。就拿电视节目来说，大家在荧幕上只看到主持人和嘉宾侃侃而谈，以为是随性所致，其实他们事先做足了功课，对聊天内容胸有成竹后再结合自己平时的知识积累和即兴发挥，才看到了精彩纷呈的节目。

和孩子的聊天也是一样，你也不妨多做些准备，看看是否可以把自己的教育点放进话题去？如何说才能让孩子更易接受？从而达到润物无声的效果。

忌讳：

用语言打击或直接干预孩子正当的、健康的爱好，用功利的眼光来衡量孩子的兴趣，这样会彻底抹杀了孩子的某些潜能。

四、方向是一回事，操纵是另一回事

很多做家长的似乎都有这样一个毛病：对孩子的占有欲太强，把孩子当成属于自己的私有物品。所以在遇到一些孩子人生的选择题的时候，都会不自觉地替代孩子去做。他们自以为这样是为孩子好，是为他们的前途着想，以为他们的决定可以帮助孩子少走弯路。可是家长有没有想过，这可能并不是孩子想要的生活。让我们先来看两个影片片段：

片段一：西恩教授和发现威尔特殊才能的蓝波教授在争吵。

蓝波：真是乱来，我让你参与，是要你帮这孩子，不是赶走他！

西恩：我知道怎么应付他。

蓝波：我不管你跟他有什么默契，我不在乎你们花我的钱开心，但你敢破坏我的事看看！

西恩：破坏？这孩子目前很脆弱。

蓝波：我了解他很脆弱，好吗？

西恩：他还有些问题。

蓝波：他有什么问题？当工友或坐牢会比较好吗？跟一群智障在一起会比较好吗？

西恩：你想他为什么那么做？你晓得为什么吗？

蓝波：他能应付问题，应付工作，显然也应付你了。

西恩：听我说，他为何躲避？为何不信任人？因为他被应该爱他的人遗弃。

蓝波：别跟我讲弗洛伊德的屁话。

西恩：他为什么跟你所谓的智障混？因为如果他叫他们扁你，他们会照办，那叫做义气。

蓝波：是喔，很感人。

西恩：他应付谁了？他在别人离开之前先赶人走。那是防卫心理，好吗？他因此孤独了20年。你现在逼他，事情会重演。我不会让他重蹈覆辙。

蓝波：别那么做。

西恩：什么？

蓝波：别让他认为放弃没关系，或失败没关系，绝对有关系。如果你是气我成功——

西恩：我没气你！

蓝波：你有气我！你憎恶我。我不会因为成功向你赔不是。你气我做到你本来能做到的事。你扪心自问，你要威尔有那种感受？你要他感觉像失败者？

西恩：我没怪你，这跟你无关。你这数学混球，是关于那孩子。他是好孩子，我不会看着你……像现在糟蹋我般糟蹋他，让他也感觉是失败者。

蓝波：他不会失败。

西恩：你如果逼他……

蓝波：我能有今天成就是逼出来的！

西恩：他不是你，你听懂没？

片段二：西恩教授对威尔说：你选择哪一个？

威尔：麦尼尔那边，教授帮我安排的工作之一。我还没告诉他，我和老板谈过，新老板人好像不错。

西恩：那是你要的吗？

威尔：对，我想是吧。

西恩：做得好，恭喜！

威尔：谢谢。

"做真心想做的事，你就没事。"他知道威尔做了选择，迈出了第一步，现在是鼓励他的时候了。

毫无疑问，蓝波和西恩都是为威尔好，不想看到威尔拥有才华却在白白浪费。只是蓝波教授太急了，急于让他

心理学教授西恩和发现威尔特殊才能的蓝波教授在争吵。

展现自己的才华，而忽视了威尔自己对人生的规划。而且，他将聪明才智置于友情、爱情甚至自由之上，以为其他人都是白痴。可看看他眼中的"白痴"查克对威尔是怎么说的吧："如果20年后，你还和我是邻居，每天晚上都到我家看电视，记住，我一定会宰了你的。""我每天到你家接你，我们出去喝酒笑闹，那很棒，但我一天中最棒的时刻，只有10秒，就是停车到你家门口，每次我敲门，都希望你不在了，不说再见，什么都没有，你就走了。我懂得不多，但我很清楚。"普通人查克虽没有威尔那样高的智商，但他的友情却是那样温暖，这是蓝波教授所体会不到的。而西恩则尊重平等的交流，他尊重威尔，希望威尔听从自己内心的召唤，做出自己的选择。从根本上说，这才是接近幸福的方向。

没有一个家长不是为孩子着想，希望他能够不浪费青春年华，迎来理想的未来。所以我们往往很纳闷，为什么明明是为孩子好，他却非要跟自己对着干。其实，并不是孩子不懂事，很多孩子心里也明白你们是为他们好，你们的建议真的很对，只是他们想彰显自己的决定权，他们真的想听从自己年轻澎湃的那颗心的声音，追寻自己梦想的生活，哪怕跌得遍体鳞伤，哪怕最终他不得不回到当初你们建议的道路从零开始，他们也不后悔。因为他们曾经尝试过，他们曾经真的活过。

永远不要以为，幸福只有一种方向。你的心在哪，幸福就在哪。

建议：

(1) 是建议，不是强加！

可以给孩子建议，帮他全面分析事情的利弊。对于面对复杂问题和人生选择时，家长们不妨拿出纸笔，与孩子一起列个表格，将各种选择的可能走向以及利弊清晰地体现出来，有了直观的印象和分析，孩子也会愿意听听你们的想法，毕竟未来是自己的，他们没理由跟自己过不去。但千万不要把自己的意愿强加于他。要让孩子感到是自己在选择，自己在行使决定权。

(2) 家长也要与时俱进。

现代社会千变万化，孩子们往往是最前端的弄潮儿。为了孩子，也为了自己，家长也要跟上时代的步伐，适应日新月异的社会，吸收各种各样的思想。这样做一方面可以为自己开拓眼界，使事业更上层楼，也能找到和孩子的共同语言，从而顺利沟通，成为无话不谈的朋友。

　　忌讳：

　　报考志愿家长全权包办，片面追求热门专业和热门学校而忽视孩子的喜好。对于此类人生的重大选择，家长一定要慎重。

○ 亲情贴士

　　1. 如果想深入探讨，就找个安静的地方。

　　西恩和其他心理咨询师不同的是：请房间里其他人出去，只留下威尔和他。所以，如果想深入探讨，就找个安静的、真正可以倾心而谈的地方。

　　2. 自愿、轻松的沟通才有效。

　　西恩对蓝波教授说：他（指威尔）不想讲就不必讲。所以，要重视和尊重对方，沟通不是审问，不是窥视，而是交流。

　　3. 沟通的地点要花些心思。

　　西恩把与威尔的第二次会面改在室外，这看起来不像是心理治疗，而更像老朋友的聊天。所以特定的环境会产生特定的效果。不见得非要在封闭的室内才能倾诉，在大自然中散步，更能让人心情放松，侃侃而谈。

○ 课外资料库

　　1. 以下是我和我的一个学生就与父母沟通问题的网络对话节选：

枫溪17:03:24

我觉得如今的父母都很宽容啊

旋轉、慧17:03:47

没有…

旋轉、慧17:04:14

我们不容易

旋轉、慧17:04:28

我们理解父母

枫溪17:04:36

大概传统的父母还是多数

旋轉、慧17:05:11

传统占大部分

旋轉、慧17:04:53

在父母理解我们的时候。。应该就能沟通了

枫溪17:04:56

就是说　孩子理解父母　父母却往往不了解孩子？

旋轉、慧17:05:19

很对

旋轉、慧17:05:25

精辟

枫溪17:05:36

其实　他们在关心你们的时候大概也是想试图走进你们的心里

枫溪17:05:52

但是似乎孩子把自己包裹的很严实

旋轉、慧17:06:16

他们总说自己的用心

枫溪17:06:46

就是这些经常性的话　觉得厌烦？

旋轉、慧17:06:55

对

枫溪17:06:31

习惯性地不愿意相信他们了

旋轉、慧17:06:47

恩

旋轉、慧17:07:45

其实　每个孩子都有主动与父母交流的一次

旋轉、慧17:07:49

只是

旋轉、慧17:08:13

如果最开始的几次是成功，那么就没问题

枫溪17:08:14

父母不愿意听？

枫溪17:08:34

父母大概在孩子愿意说的时候不在状态

枫溪17:08:36

忙自己的？

旋轉、慧17:09:00

是相反意见，而且不婉转

枫溪17:09:20

使用家长权力　是么？

旋轉、慧17:09:37

恩

枫溪17:09:54

那如果孩子的想法是合理的呢？

枫溪17:10:02

也一样是相反意见么？

旋轉、慧17:10:56

合理…

旋轉、慧17:11:00

不一定

枫溪17:11:32

那就是家长还是用心在听的

旋轉、慧17:11:55

有时家长认为自己学历丰富，心里会接受意见，但是表面不会

枫溪17:11:33

是碍于面子么？

旋轉、慧17:12:03

对啊

枫溪17:12:21

他们是用一些社会规则来约束你们

旋轉、慧17:12:39

恩。。差不多

枫溪17:12:52

他们还是太觉得自己是家长了对吧？

枫溪17:13:04

所以　脸面很重要　不服软

枫溪17:13:20

呵呵　这和某些老师也是一样的吧？

旋轉、慧17:13:43

恩

枫溪17:13:59

明白了　做人还是要厚道

枫溪17:14:04

旋轉、慧17:14:10

哈哈

枫溪17:14:32

真实一点没什么不好

旋轉、慧17:15:24

呵…现在不耻下问的老师很少

旋轉、慧17:15:45

家长也不多

旋轉、慧17:16:35

往往孩子就是因为这，怕说出来

会被骂……才努力包裹自己

枫溪17:16:47

其实学生是社会新一代的力量总要挑战传统　颠覆传统

枫溪17:17:02

有没有成功的呢？

枫溪17:17:07

难道都是这样？

旋轉、慧17:17:55

您要是下一个于蓝，或许下一辈就有好日子过了

旋轉、慧17:18:09

有成功的啊

旋轉、慧17:18:35

那些家长往往都是自己小时候也这样

旋轉、慧17:19:19

现在的传统家长的家长往往都是特别厉害的

旋轉、慧17:24:03

是小时候被管严的厉害的孩子，传统

旋轉、慧17:25:49

理解家长，他们传统往往是有原因的

枫溪17:26:44

于蓝？何许人？我太落伍了

枫溪17:27:03

明白了就是说是这么一脉相传下

来的

旋轉、慧17:28:47

解说四书五经的人

旋轉、慧17:28:50

对

旋轉、慧17:29:17

不过我们这代应该传不下去了

枫溪17:29:42

呵呵

旋轉、慧17:29:59

从80后都是独生子女，已经不传统了

枫溪17:30:35

其实每个老师每个家长也都是从学生时代成长一路走来的　可是一旦转变角色后　就往往只站在这个角度说话行动

枫溪17:30:47

人是这么记吃不记打的么？！

旋轉、慧17:31:16

为什么这么说？

枫溪17:33:01

也是很奇怪这样　记得原来学生时代　暗暗发誓　如果自己是老师一定不要这样要那样　可以如今真实地面对生活中的具体事情　就很难客观冷静地思考　会带着情绪做出一些反应

旋轉、慧17:35:50

角色转变了吧

枫溪17:37:21

嗯

2.看看网络上流传的对于考试的兔斯基表情吧，看看孩子们有多可爱！😊

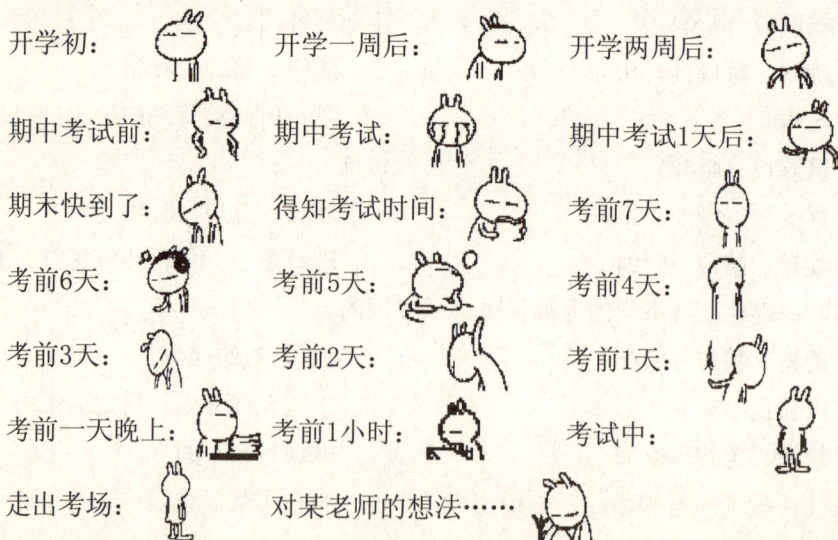

开学初：　　　　　开学一周后：　　　　开学两周后：

期中考试前：　　　期中考试：　　　　期中考试1天后：

期末快到了：　　　得知考试时间：　　考前7天：

考前6天：　　　　考前5天：　　　　考前4天：

考前3天：　　　　考前2天：　　　　考前1天：

考前一天晚上：　　考前1小时：　　　考试中：

走出考场：　　　　对某老师的想法……

第五讲
温暖家庭的力量 /《弱点》

◎片　　名：The Blind Side

◎中文译名：弱点

◎上映时间：2009年11月20日

◎出品国家：美国

◎类　　别：传记／剧情／体育

◎导　　演：约翰·李·汉柯克 John Lee Hancock

◎主　　演：桑德拉·布洛克 Sandra Bullock

　　　　　　蒂姆·麦格劳 Tim McGraw

　　　　　　凯西·贝茨 Kathy Bates

　　　　　　昆顿·亚伦 Quinton Aaron

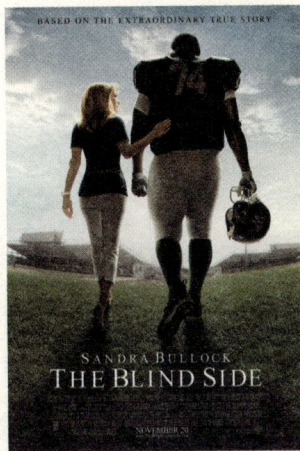

○ 剧情简介

迈克尔·奥赫是一个无家可归的黑人少年，他从小就被父亲抛弃，只能靠着自己摸索出的方式在残酷的街头生存。他曾换过无数个寄养家庭，总是一次次地从这些家庭中逃离。

一天傍晚，他在大街上偶然被莉·安妮·陶西发现。当莉·安妮获悉这个衣衫破旧的男孩就是自己女儿的同班同学，尤其是看到奥赫在冰天雪地的冬天仍然只是穿着短裤和T恤衫时，她突然动了恻隐之心，产生了想让他彻底摆脱寒冷与愁苦的决心。

几乎没有丝毫犹豫，莉·安妮将形单影只的奥赫邀请到自己家里过夜，而这也成了一个开始。最终这个中产阶级家庭决定收养奥赫，并提供给他无微不至的关心与温暖。尽管奥赫和陶西一家来自于不同的社会阶层，生活习惯有很大差异，却并不能阻挡彼此之间的浓浓爱意。奥赫慢慢地融入这个温馨的家庭生活当中去，最终成为陶西家不可或缺的一分子。

走进一个全新且陌生的环境，奥赫不得不面对一些完全不同的挑战和需要克服的障碍，但是在陶西家所有成员的帮助下，他的潜能也被完全地激发了出来。自身的刻苦努力再加上与生俱来的天赋和良好的身体条件，奥赫终于成为校队的主力，并在2009年美国职业橄榄球队选秀大赛上脱颖而出，被巴尔的摩乌鸦队选中，作为优秀职业橄榄球员而进入名人堂。

不仅如此，在与奥赫相处的日子里，陶西一家也不断思索着自己过去完美无缺的生活，并向着更富有洞察力的自我发现的方向前进。

○ 我的观影笔记

这是一个真实的故事。迈克尔·奥赫（Michael Jerome Oher），生于1986年5月28日，非洲裔美国人，是现役美国国家橄榄球联盟的左边锋。体重344磅，约156公斤。在2009年的NFL（美国国家橄榄球联盟）选秀大会上，迈克尔·奥赫成为乌鸦队的新秀。虽然在球场上的他光彩熠熠，但他从小就生活坎坷。在一个名叫陶西的善良的白人妇女收养他之前，他从未品尝过亲情的滋味，更不知橄榄球是可以让他发光发热的地方。可以说亲情和橄榄球永远地改变了他的命运。

这是一个温情脉脉的励志故事，年幼便被抛弃的奥赫，从小在非常贫穷的环境下长大，人生

幸福的陶西一家。

没有选择的余地，也没有机会可以改变。但在遇到莉·安妮·陶西后，他似乎得到了幸运女神的眷顾，他成为陶西家的一员，并得以在橄榄球场上挖掘出潜能。奥赫从跨进陶西家的那一刻起，他的生活就注定不平凡了。而影片结尾处的那个新闻，一个和奥赫有同样背景的贫民窟黑人少年的犯罪事件，加强了与奥赫命运转折的对比。是啊，如果不是碰巧遇到了陶西一家，奥赫的前途会在哪里？是否能健康地成长？

我们知道这不仅仅是财富带来的命运转折，这甚至和财富并无太大关系。影片中，奥赫在被陶西家收养之前，他换了不知多少寄养家庭，9年内留级2次，转了11次学。这其中不乏条件优越者，但都以他的逃跑无疾而终。而到了陶西一家后，他从一个性格懦弱、体型臃肿、智商不及80的高中球员，到五星潜力高中生，再到NFL首轮新秀，这其间的差距是巨大的。

所以经济问题并非影响孩子一生的决定性因素。奥赫在陶西一家得到的前所未有的关爱和温暖，才是鼓励他前行的动力。陶西一家冒着很多人的偏见收养了奥赫，让奥赫的生活终于走上正轨。陶西一家给予奥赫的不仅仅是一个安全的衣食无忧的住所，而是由尊重、理解、平等、自由、关怀等营造的家庭氛围，这才是奥赫重获新生的关键。在我的从教生涯里，常常有机会了解学生和他的家庭。我常常发现，很多成绩优秀、素质全面、健康发展的孩子，他们的家庭条件往往很普通，父母既非高官巨贾，也非教育专家；而恰恰是我们认为能提供最好的物质生活和精神财富给孩子的富裕家庭，出现了种种的教育问题。正是家庭环境的特殊性，影响了孩子对待学习和生活的态度。

那么，我们如何营造良好的家庭氛围，优化教育理念和结构呢？

我们知道，当今企业管理里面有一个重要的概念——企业文化。这是一个组织由其价值观、信念、仪式、符号、处事方式等组成的特有的文化形象，是企业全体员工在长期发展过程中形成的共同遵守的最高目标、价值体系、基本信念及行为规范的总和。因此，企业文化直接影响企业的精神面貌和员工的幸福指数。我们不妨借鉴企业文化的理念来考虑我们家庭的经营，我认为很有必要增加"家庭文化"的概念，也就是建立起被家庭成员共同认同并遵守的价值体系、基本信念及行为规范。

○课堂反思

一、集体感营造新的家庭氛围和凝聚力

随着社会的发展，现代生活变得越来越快节奏。家庭里，大人忙着上班，孩子忙着上学，一天到晚忙回来，连笑容都觉得疲倦，而坐在一起悠闲地吃饭聊天似乎已经变成了一种遥不可及的奢望。虽然，大家都为着将来的幸福奋斗着，却舍弃掉了此刻的幸福。长此以往，家长、孩子都给自己划定了一个闭塞的活动空间，彼此成了熟悉的陌生人。

我有一个学生，从来都是一日三餐自己在外面解决，问其何故，他说："爸妈太忙了，平时见不着他们。"还有一次我碰到一位学生家长，就上前想跟她谈谈孩子乱花钱的情况，结果这个经常陪着孩子的"母亲"原来是家庭保姆！

家长们在忙碌着自己的事业，却用物质来解决孩子的各种问题。在这样的家庭环境里，被金钱和家庭保姆照顾的孩子并不能体会到家庭的温度。他们没有兄弟姐妹戏耍打闹，没有好朋友谈心，他们期待的家长教育完全缺失，取而代之的，是铺天盖地的网络和媒体。这种前景是令人担忧的。陶西家的教育是一个比较成功的范例，我选取了影片的几个片段，我们来一起看一下：

片段一：陶西太太看到留宿一夜的奥赫叠得整整齐齐的被褥，心想：这个孩子大概没有地方吃饭，于是追出门外，喊住了将要离开的大个子奥赫，问他："要不要和家人度过一天？"

就餐时，陶西家的每个人拿了自己的餐盘惯性地在电视前边看边吃，不时地发出笑声。另一边，奥赫自己则拘谨地坐在餐桌前小心翼翼地吃。陶西太太看到了，拿遥控器关掉了电视，让大家都坐在餐桌前，正式地做感恩节祈祷后再开餐。他们手拉手，女儿科林斯伸出自己的手给奥赫，奥赫和大家的手拉在一起祷告。

吃饭中，陶西太太又说："明天上午有一场演出，你一起来。"

片段二：陶西家发现了奥赫的橄榄球天赋，决定帮助他。训练场地，

养母陶西太太跑进场地，告诉奥赫应该怎样去训练，她把队员们比作家庭成员，要求奥赫保护好家人："球队就是个家庭。四分卫是一家之长，跑锋就是承担球队之重的小兄弟。作为一个铲球手，不但要保护好妈妈，更要为自己的小兄弟开路，这就是这个位置的意义。"在一场力量悬殊的比赛中，处于劣势的奥赫想起养母说过的话，便决定坚持到底，为家人而战，重新充满斗志，竭尽全力。

在第一个片段中，陶西太太看到大家各自吃饭，索性把电视关掉，让大家一起来到餐桌，一起祷告，然后一起吃饭。手拉着手的感恩节祷告让奥赫和陶西全家的心感受在一起，这对于奥赫这个经常从领养家庭跑掉的少年来说，这是他从心里接受和喜爱这个家庭的第一步。影片一开场，陶西一家就出现在一同观看女儿柯林斯的排球比赛上，后来奥赫比赛的时候也是全家助阵。甚至球队训练的时候，养母也会过来参观，纠正教练的训练方法，为养子着急。对于家长来说，积极参与到孩子的学习和生活、及时给予孩子应有的鼓励和帮助是非常重要的。适当安排一些让家庭每个成员都能够参与其中的活动，更有助于促进家庭凝聚力。

我们埋怨孩子不懂得锻炼身体的时候，我们是否和孩子一起锻炼过？我们埋怨雪天路滑的时候，是否全家一起参与社区的铲雪活动？装修家居的时候，是全家一起讨论决定房间的装饰还是自己一锤定音？孩子的合唱节与你的工作冲突，你怎么选择？又怎样对孩子解释？

很多时候，一个家庭有很多进行集体活动的机会，家长们要善于抓住这样的时机。不论是刻意安排的外出旅

陶西一家和奥赫一起手拉手进行感恩节的祷告。

行、家庭会议，还是日常生活中一个随意的小举动和决定，都要试试让孩子们说说自己的主意，参与进家庭事务来。在这个过程中，孩子们会体味到尊重的可贵、集体的责任和交流的愉悦。

建议：

(1) 记住每一个家庭成员的生日，并能够聚在一起庆祝。

生日毕竟一年只一次，孩子都会特别重视这一天。所以各位家长即使在百忙之中，也要尽可能抽出时间来陪他们度过，并形成一个习惯。这一天，好好给孩子安排个庆祝活动，一家人其乐融融地在一起，比什么都重要。

另外，家长们也不要只给孩子过生日而忽视了自己的生日。一方面，为自己和伴侣过生日，是调节紧张工作的润滑剂；另一方面，会避免养成孩子唯我独尊的偏见。

(2) 只要有时间，就和家人在一起吧。

温馨的家庭生活是需要经营的，如同家长您的事业一样，花些心思吧。比如：

节假日组织全家进行户外活动、郊游或者集体烹饪，大家一起来，一人一菜，厨艺大比拼。

家庭成员的公开活动，比如表演、比赛，最好能够一起去做亲友团。

在一些特殊节日，照个全家福。

一起参加一些公益事务，做些有意义的事情。

(3) 培养共同的兴趣爱好。

共同的兴趣爱好会使您和孩子的关系更加紧密，在亲情的基础上更增加了友情的成分。这样，你们会在一场球赛中一同释放热情，会为抢到一场音乐会的前排而击掌庆祝，会为一个社会问题而争论不休……这样的家庭氛围，多棒！

忌讳：

(1) 在孩子的面前经常指责和埋怨夫妻另一方的缺点。

(2) 在夫妻一方批评孩子的时候，插嘴反对。

(3) 在众人面前经常公开提起孩子的缺点。

二、尊重每一个家庭成员的隐私

每一个家庭成员都是独立的个体，他们有自己的私人感受。不要对孩子暂时不想说的话题刨根问底，这样只能产生抵触情绪。我们在他感到烦恼的时候，陪他出去走走，享受阳光，吹吹微风，像对待朋友那样。或许，孩子们会主动向你倾诉呢。因为，倾诉的前提是信任，是平等的交流。就像友情一样，它之所以能够永恒，是因为大家彼此尊重，既亲密无间，又保留一定距离。

想想看，孩子足够信任你吗？我们来看两个片段：

片段一：陶西太太询问奥赫的事情。

陶西太太：能不能告诉我你的一切，你妈妈呢？

奥赫：（沉默）

陶西太太：你有妈妈吗？奶奶呢？

奥赫：（沉默）

陶西太太：你一定得告诉我，不要让自己太难过，放松一点。

奥赫：（沉默）

陶西太太：那好吧，那你得告诉我一件事，只说一件事，只需要一件。

奥赫：我不喜欢你叫我大个子奥赫。

陶西太太：好的，现在开始不叫了。

片段二：全家出去就餐后，奥赫在餐厅里看到一个熟人，是餐厅里的侍者，他们相拥在一起，陶西一家在餐厅外的汽车里静静等待奥赫出来。

陶西太太：奥赫，那个人是谁？

奥赫：马科斯。

陶西太太：马科斯在那里上班吗？

奥赫：是的。

陶西太太：你们怎么认识的？

奥赫：他是我的兄弟。

陶西太太：有一天我会喜欢上他的。

这是两个陶西太太和奥赫最初接触的片段。刚刚认识，两个人彼此间是很陌生的。奥赫对新养母紧闭自己的内心，强烈的自尊心和自卑感让他对自己的过去只字不提。而陶西太太虽然很想了解，却并不强求。陶西太太虽然很想了解奥赫曾经的生活经历和成长背景，但却被紧紧关在心门之外。不过，她却知道了奥赫不喜欢被叫做大个子。这也算是一个成果，"大个子奥赫"是一个容易产生抵触情绪的信号，以后她可以避免用它，从而达到沟通。

奥赫慢慢对养母敞开心扉。

第二个片段中，"有一天我会喜欢上他的。"这句话，丝毫没有因种族、血缘和阶层的差异而带来的歧视。陶西太太就像亲生母亲般陪奥赫去贫民窟取衣服，陪他买衣服，这是许多人做不到的。正如陶西太太的上流社会朋友在聚会时所说："我可做不到，我可不想去那些地方。"也正是这种尊重逐渐打开了奥赫闭塞的心门，让阳光照进来。

对于每一个家庭成员来说，都有自己不想言说、或者尚未到时机的事情，我们姑且叫做"不能说的秘密"。对于这种秘密，是怎样追问都得不到答案的。与其怀着猎奇的心态捕风捉影，不如敞开心扉、坦诚以待。

建议：

(1) 轻松一点！不强逼、不猎奇。

青春期孩子不对你讲自己的小秘密，不外乎以下几个原因：

首先，家长和孩子之间一直以来存在着沟通障碍，孩子心底的事儿宁可对同学说、对老师讲、在日记中倾诉，也不愿讲给父母听，因为内心的陌生和不信任阻挡了他们交流的渴望。所以家长们要先从自身找找原因，究竟是什么造成了彼此间的隔膜和芥蒂。

其次，孩子们不说一方面是因为害怕，比如打架，另一方面是因为害羞，比如早恋。通常来说，家长们一碰到这样的事情就好像如临大敌，但是家长逼得越急，他越是不说。所以，家长们要注意从其他方面进行暗示和引导，不要给他们太大的心理压力。

如果有些事情孩子不愿意说，就不要强求，留给他自己的空间，因为他已经长大了。

(2) 我们可以试着用下面的语气说话。

"想找人聊天么？"

"放松一点，没什么过不去的，想跟我说的时候随时来找我。"

"你或许可以告诉我一件事，只说一件事。"

"你可以试着对我说说，我不是来责备你，而是来帮助你的。"

忌讳：

你有没有曾经这样跟孩子说？"你这段时间在搞什么鬼？""你怎么这么反常？""说还是不说，不说揍你！""你别以为我不知道你最近干嘛了！我调查得一清二楚！"这些刺激性的语言很容易造成孩子的逆反。所以，这样的提问得到的结果很可能并非真相。

三、平等融洽的家庭关系对孩子的影响

有一位家长经常跟我抱怨，说自己对孩子的要求，经常被孩子的父亲推翻，两个人在孩子的教育方式上存在很大的分歧，而且孩子的父亲经常当着孩子的面否定她。就此，我要告诉家长们：在教育孩子问题上，父亲和母亲一定要尽量达成共识。

这是因为，一方面孩子会因为家长们的双重标准而产生矛盾心理，或在独自面对问题上迷惑不已，或钻家长的空子；另一方面，父母双方经常性分歧的不和谐气氛对孩子的影响也是很大的。融洽的环境里，孩子容易形成开朗、温和而宽容的性情。而如果夫妻之间经常发生口角，那么孩子就会变得孤僻、易怒、急躁。

影片中，陶西一家可以说是典型的温馨家庭，每一个家庭成员之间的关

系都是非常亲密的，尤其是彼此间体现出的平等和关爱，值得我们每位家长学习。我们看影片的两个小片段：

陶西先生和太太在孩子们的训练、比赛等需要家庭成员分享的场合里从不缺席。

片段一：陶西太太准备好食物后，喊大家就餐。

陶西先生：每个人都要感谢妈妈。

小儿子：谢谢妈妈！

片段二：图书馆里，女儿科林斯和同学一起在看书。奥赫走进来，庞大黝黑的身躯引起大家的注意。奥赫环顾一周，找了一个空桌子独自一人坐下来。科林斯见状拿起自己的书本，在同学的惊诧中走过去，坐到奥赫的桌边。奥赫感受到从未有过的鼓励的力量。

从这两个细节中，我们都能体味到家庭成员彼此间的尊重。看看陶西家正处于青春期的女儿科林斯，她没有那些同龄女生抽烟酗酒的不良习惯，而是喜爱打排球、看图画书，敢于迎着图书馆里同学们的不解眼光，主动和奥赫坐到一起。陶西家的小儿子更是人小鬼大，时刻想着帮助奥赫。陶西先生和太太则举止得体，富有爱心，彼此之间的关系非常融洽。正是他们一家人的亲密无间，增加了奥赫对他们的信任，并从内心里开始接纳这个和美的家庭，从而走上人生的正轨。

建议：

(1) 经常肯定夫妻中另一方对家庭的贡献，特别是在孩子面前。

人都喜欢被鼓励，不仅仅是孩子，大人也是一样。所以家长们不妨经常肯定伴侣对家庭的贡献，这样做一方面可以温暖伴侣的心，鼓励他们为家庭的付出，另一方面则会营造温馨而和乐的家庭氛围，让孩子感受到父母之间的亲密和家庭的温暖，增加孩子的幸福感，并培养起孩子尊重他人的优秀品格。

(2) 尽量不要在家中争吵。

尽量不要在家中争吵，特别是不要在孩子面前争吵，很多孩子的不安全感就来自于此。家庭是最安全最温暖的地方，如果在自己的家里孩子们都要小心翼翼，担心父母吵架，为父母破裂的感情伤心费神，那他怎么能健康成长呢？

现代社会家庭离婚率节节攀升，有的班里竟然三分之一的孩子生活在离婚家庭。试想，父母单方面关爱的缺失、父母矛盾破碎的感情，会对孩子的心灵甚至一生造成怎样的影响？在这样家庭环境成长起来的孩子，有的变得不相信婚姻，将感情视若儿戏，有的孩子则不再信任异性，害怕与异性接触，从而失去追求一生幸福的机会。

陶西太太在和养子奥赫、小儿子一起阅读。

(3) 保持家庭阅读等良好习惯、戒除自身的不良嗜好。

家长要为孩子树立起一个良好的风范和习惯，因为家长对孩子的影响往往是潜移默化的。孩子的模仿力很强，尤其是家长的一言一行。所以教育孩子，还在于家长你自身的自律。不然，就会出现这样的尴尬：家长责怪孩子抽烟，孩子反问，那为什么你也抽？家长总不能只用"我是大人"这样的话来搪塞吧？

忌讳：

(1) 夫妻之间互不服输、一争高低，争夺家庭的统治地位。

(2) 在孩子面前相互指责，或者和孩子独处的时候指责另一方的行为。

四、潜力的挖掘带来自信、荣誉感

应该说，每一个人都会有某个方面的潜能或兴趣，只不过很多人没有发现而已。

潜力的挖掘，对于每一个人，尤其是正迈入青春期的孩子建立自信、找准人生方向是非常重要的。潜力的发挥依赖于兴趣所带来的荣誉感。看过很多这样的场景：在国外，很多场合里父母并不和孩子腻在一起，但在一些场合他们一定在，比如孩子的演出或者结业式。荣誉感是孩子积极对待人生的重要成分。

我们一起看看下面的片段：

片段一：在就餐后共同回去的车内，奥赫问："为什么对我这样（好）？"

养父陶西先生说："我的朋友说奥赫很棒，也许能成为一个足球明星。"

片段二：片尾，一段新闻：一名黑人青年在一场枪击案里死去，年仅22岁，后来人们发现他具有运动方面的天赋。

陶西太太的旁白：那些游荡在美国街头各个角落的黑人青少年，他们都拥有各种各样的天赋，他们却没有意识到那些。枪击案、抢劫案，与此类案件有关的不少都是一些拥有运动能力的黑人青年。可是人看不到自己的盲点，他们需要其他人的帮助才能看到。

片段三：赛场上，面对不公平的裁判，奥赫抱住歇斯底里的教练："这里交给我！"

"我要你和队员们笑着回家。"

片段四：奥赫今年选秀的行情其实不是很理想，连第一轮能不能进都是问题。但是他执意要他全家去纽约参加选秀，就是为了让帮助过他的一家一起分享这个光荣的时刻。

弱点（盲点）是本影片的题目，也是讨论的重点。让我们重新回到Blind Side（弱点、盲点）这个话题上。橄榄球场有盲点，难道我们人类自身没有盲点吗？不但我们开车的时候看反光镜的时候有盲点，我们人性也有盲点。在遇到陶西一家之前，奥赫的盲点就是他能打一手漂亮的橄榄球却整天游荡不知道该做什么。

肯定孩子在某方面的兴趣并鼓励他，让他以此为荣。他会为荣誉而战，正如奥赫历经奋斗和努力后在影片中所领悟的：

"价值观是个人的事，根本就没有人能说得明白，只能自己给自己鼓励，不能总按别人说的去做。……任何责任都可以让人振奋，但是荣誉，那

陶西太太亲自上阵，指挥奥赫打球，激发他的潜能。

才是让你做或不做一件事的原因……我认为事情该总是这样，你应该盼望着勇气，然后努力取得荣誉。"

奥赫的未来我不知道，可能会因为伤病早早退役，可能会成为一代名将进入名人堂。但是我相信因为陶西家的教育，他始终会走自己的路，不会受他人的影响。而其余那些NFL运动员就不一定这样了。这些NFL球员在大学里有导师和教练叮嘱他们不准乱说话，在NFL里有经纪人和球队的管理人员盯住他们不要发傻。但是一旦没有其他人控制，他们会做出的事情实在让人难以预测。欧·杰·辛普森杀妻绑架案，奥赫·维克斗狗案。其他的诸如查尔斯·罗杰斯这些有美好前程的球员因为沾染毒品而退出球坛的人太多，太多。所以光靠别人发现自己的盲点没有用，更要自己时刻知道自己的盲点，控制住自己，才能将自己的路一直走下去。

挖掘孩子的潜力，帮助他找到自己的优点和盲点，建立信心和为之奋斗、取得成绩的荣誉感，这些将伴随孩子一生。帮助他们不仅仅成为某方面成功的

人，而且同时也是能够经营家庭、并且由此获得家庭温暖的人。这些来自作为家长的您的日常做法，优化家庭结构，培养良好和谐、有凝聚力的家庭氛围。建立起大家认同的拥有共同价值观、健康、朝气蓬勃的"家庭文化"。并最终和孩子一起感受到幸福。

建议：

(1) 经常性地鼓励和肯定孩子。

我们都知道好孩子是夸出来的。所以，如果孩子对某个领域有兴趣，那么就不吝言辞地多夸夸他吧。这样他才会有信心往前走。

可以找一些这些领域较为成功的人的例子作参照，给予孩子指引。

(2) 让孩子体会到责任感，获得荣誉的责任感，告诉他大家将以此为荣。

孩子参与的有意义的重大活动，家长尽可能地在场。这会让孩子感到荣耀和责任，全家为他高兴的荣誉。

(3) 最后选择权还给他。

报考专业的时候一定得听听孩子的意见，家长可以给些前瞻性意见，最后选择权还给他。

如果是孩子深深喜爱的专业，即使眼前社会上是冷门又有什么关系呢？任何领域都需要尖端人才，只有喜欢的领域，也才能做出成绩来。

忌讳：

(1) 重视应考科目，其他的都放在一边。

(2) 邻居的孩子或者孩子的同学报课外班的时候盲从，不让孩子自己去判断和选择。

(3) 以考级等压力附加在兴趣上，这等同于兴趣的逐渐丧失。

○ 亲情贴士

建立起我们小家的"家庭文化"。

这里暂且挪用"企业文化"的概念，经营好一个家庭的难度不亚于经营好一个公司。

影片中，陶西太太在女儿比赛、养子训练等一系列需要家庭共同参与或出席的重大活动中，都是自己以身作则，亲手示范，倾心真诚付出。

一个家庭的"家庭文化"的设立，注意三点：

1．"家庭文化"需要建立整个家庭成员都认可的统一标准。

2．"家庭文化"需要大家一起来执行。并不是家长来设，孩子来执行。并且家长要以身作则。

3．多和一些朋友组织些家庭聚会与交流，互相吸取经验、查漏补缺。

○课外资料库

某天我在学生的空间里面看到一篇转载的学生日志，摘录如下：

我们都不是坏孩子

我们都不是坏孩子，
别看我们头发拉了、烫了、染了、吹了，
衣服亮了、多了、贵了、薄了。

我们都不是坏孩子，
尽管我们上网、打架、旷课、早恋。

我们都不是坏孩子，
虽然我们贪玩爱狂，却也知道为人要正直，做事要光明，讲义气，负责任。

我们都不是坏孩子，
所以人不犯我我不犯人。
我们都不是坏孩子，
尽管上课跑神，也还是会乖乖走进考场。

我们都不是坏孩子，
我们也知道前途重要，如果我们放弃学业，也是因为明了心不静、学不好、钱花了、不得好。

我们都不是坏孩子，

没人知道我们所受的煎熬，没人清楚我们内心的呼唤，所以我们学会了伪装。

人前面，他点支烟佯装自己无所谓世事；她嘻嘻笑佯装自己快乐的要死掉。

谁了解，墙壁下他只留背影的孤独；角落里她回忆时痛苦的泪珠。

点支烟，抽掉的是寂寞；抹点粉，埋下的是疲倦。

这样的日子表面上很浪漫却早已让我们心生厌倦。

我们都不是坏孩子，

因为我们也有没人分担的苦。

我们都是深情的人，尽管身边的他（她）换来换去、心中的他（她）却谁也代替不了。

我们都不是坏孩子，

我们也有无奈。

想他（她）时，一个人、在角落里抽掉整包整包的香烟，

在被窝里擦掉整盒整盒的纸巾。

抬起头依旧皮笑肉不笑：没什么大不了。

我们都不是坏孩子，

即使我们会在试卷上画猫猫，

也会在前一秒后悔自己在上课时睡觉。

我们都不是坏孩子，

我们只乞求一点点鼓励、一点点温暖，我们只想要一句安慰、一个拥抱。

明天的路还很长，

我们却没有方向，

因为我们总是满不在乎的坚持着寻求着认证着我们都不是坏孩子。

我们都不是坏孩子，

我们也想学习好、都是也想会心地笑，

我们也想追求纯真的梦想。

我们都不是坏孩子，

我们受过太多的伤，

因此我们学会了伪装，装冷酷、装快乐、装自大、装成熟，

我们想要保护自己不再受伤。

我们都不是坏孩子，

只是因为伪装交了些酒肉朋友。

我们都不是坏孩子，

请不要以莫须有的罪名给我们扣上"问题少年"的帽子。

我们都不是坏孩子，

我们只是在给你们做陪衬，衬托你们的贤稳重。

明天的路依旧在，

我们依旧大踏步着前进，因为我们有梦想，有期盼，我们也会努力生活。

我们都不是坏孩子，我们的明天依旧精彩！

第六讲

"缺陷"是最好的老师 /《叫我第一名》

◎片　　名：Front of the class

◎中文译名：叫我第一名

◎上映时间：2008年12月7日

◎出品国家：美国

◎类　　别：剧情/励志

◎导　　演：彼特·韦尔纳 Peter Werner

◎主　　演：詹姆斯·沃尔克 James Wolk

特里特·威廉斯 Treat Williams

多米尼克·斯科特·凯伊 Dominic Scott Kay

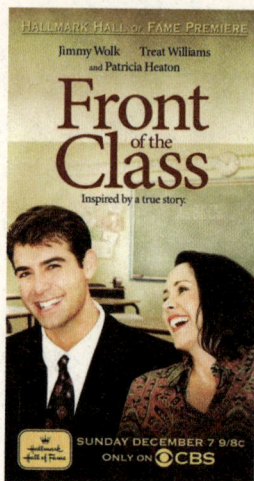

○ 剧情简介

　　影片根据真人真事改编，叙述患有妥瑞症的男孩努力达到成为老师的梦想，并且克服病症的故事。

　　妥瑞症是一种无法克制自己而不停地发出怪声的病症，这是一种生理疾病。主角布莱德从小就患有这样的病，越紧张病就越严重。他深受困扰。他在教室里发出怪声，结果被老师认为是故意破坏班级秩序而赶出教室。他的爸爸不愿意带他看比赛，因为在公众场所，儿子的怪叫声让他感到羞耻。只有妈妈在支持他、相信他。

　　妈妈带着他看了很多心理医生，没有人能够解释这种行为，心理医生认为是父母亲的离婚造成的。妈妈又做了许多努力，她带着布莱德去图书馆查找医学方面的书，知道了这种病症是存在的，她带着布莱德去参加妥瑞症病人的聚会，却发现那里的人都不上学，不敢出席公众场合，都把自己锁在家里。她与小布莱德学校的人争执，坚信孩子的无辜，带着他转学。

　　多亏妈妈，小布莱德有一颗健康温暖的心灵，并且对命运不服输。这时，他又遇到了生命里另一个贵人——新学校的校长。校长在进行了询问之后，邀请他参加学校音乐会。在音乐会上，他仍然叫声不断。校长让他上台发言，告诉大家自己的这种症状是一种生理疾病，并且让布莱德说了一些自己的想法，和他希望周围的人怎么做。由此，大家了解到他并不是故意作怪。布莱德在师生们宽容和理解的掌声中走下讲台。从那之后，他对自己重新建立起信心，而且也立志做一名可以鼓励孩子的教师。

大学毕业后，他秉持着每个学生都值得被教导的想法，去各个学校面试寻求教职。但是，校方人员总因为他的症状而对他抱着怀疑的态度。最失意的时候，妈妈、弟弟一直支持他鼓励他，让他勇敢地面对生活，甚至继母也专程来看望他，告诉他应该克服困难，因为父亲是爱他的。在这期间，他还遇到了相信他、并且不计较他的疾病的女孩。生理疾病并不能阻止他找到爱情。

在爱他的家人的鼓励下，他没有放弃。他在地图上找出所有的学校，一所一所地试。跑遍了几十所学校。承受了一个又一个的拒绝。

最后，经过了大约25所学校的面试后，终于有一所小学愿意聘请他担任有一年合约的二年级导师！而他的出色表现也印证了他非常适合当老师，他对每个学生没有偏见，与学生的关系都相处得很融洽。

片尾，布莱德获选为年度优秀新进教师，并且他实现了另一个愿望——到亚特兰大勇士队扮演吉祥物"荷马"。在颁奖晚会上，他说："我要感谢我这辈子最难搞也最执著的老师——妥瑞症。"

○ 我的观影笔记

主角布莱德一生都在和他的妥瑞症做抗争，小的时候，因为不能控制的怪叫声而被很多老师责备，甚至被赶出教室。他被人耻笑，被人用奇怪的眼神观看。爸爸带他去看比赛，他的怪叫声让爸爸感到难为情，甚至发火让他不要这么胡闹。他和弟弟去打高尔夫，因为发出了叫声，被管理员以妨碍他人为由请出球场。陌生人不理解，可他的爸爸也觉得他是在恶作剧。所以，当布莱德说出自己想当老师的时候，他爸爸觉得这是个天方夜谭。

可还是有很多人支持他，首先是伟大的妈妈，妈妈相信这是一种生理疾病，并积极地四处求医。然后是弟弟，在哥哥受委屈的时候替他出头。后来他遇到改变他一生的校长，他宽容的态度让布莱德也想做一名教师。他的继母戴安也相信他的病症不能阻挡他前行。他终于也碰到了鼓励他、相信他的爱人。

其实，布莱德最该感谢的是自己，如同他所说，他做到的这一切——成为一名受学生爱戴的好教师，恰是因为他的病症。是布莱德正视了自己的病症，他带着它（病症）共同生存，追求他所想追求的。他没有妥协，在遭受痛苦之后依然是乐观的心态。在被评为年度最佳教师，全班的孩子和教师都为他欢呼雀跃的时候，他说：此刻的心情就像这些孩子一样，面对难题不是说我不行，而是说我可以。这种病让我学会世界上最宝贵的经验，就是千万不要让任何事阻止你去追逐梦想，阻止你去工作或玩耍或恋爱。

对于一个患有妥瑞症的人来说，选择教师做职业似乎是不可能的事情。这一点，连布莱德的父亲都深信不疑。妥瑞症是一种神经性疾病，患者会不自觉、自我失控地发出像狗叫一样的声音，并且还伴随着奇怪的动作。这样的人在生活里面会被别人当做小丑一样取笑。所以，我们看到片中的那个妥瑞症团体里的孩子都是坐在家里、与世隔绝。不与社会接触。在封闭中度过自己的人生。而布莱德和母亲却选择了另一条路。妥瑞症又怎么样？我的智商和情商都是正常的，我就是要和正常人一样去实现自己的梦想。

终于实现理想的布莱德，跟孩子们快乐地在一起。

他付出了比常人多几倍的努力，学习、应聘、失败、再上路，百折不挠。事实证明，没有不行，只有自己先否定了自己。

处于青春期的孩子们，正处于人生起步阶段，他们对人生充满好奇和想象，但是也会因为一些客观或主观原因，变得悲观、消极，驻足不前。我们作为家长，该怎样面对孩子遇到的一个又一个坎儿？在他们受了重创、气馁、放弃

的时候，我们不忍心看他们继续受阻，这时候，我们是应该说"好的"还是说
"不"？

○ 课堂反思

一、和孩子并肩作战，但要他自己的事情自己办

布莱德的成功来自于对于自己的坚持，他百折不挠地坚持着自己的梦想，
这离不开他伟大的母亲在他成长中的作用。母亲为他的病症四处求医、到处转
学，艰难而乐观地支持着布莱德。她并不百般呵护布莱德、让他在家中免遭外
界的风雨，而总是告诉布莱德什么都是有希望的，你可以！但你要自己去争
取。这就是布莱德的力量之源。母亲百折不挠的态度和永恒的鼓励让他从小便
懂得在有挫折的道路上该怎么走。

片段一：母亲带着布莱德去图书馆查阅医学类书籍，寻找妥瑞症的治
疗方法。

她还带着小布莱德转了一个又一个学校，为孩子寻求一个相对公正而
宽容的学习环境。

片段二：母亲想办法治疗布莱德的妥瑞症，其间他们找到了一个妥瑞
症患者聚集地，
病友中大人没工
作，小孩家里
蹲，甚至没有人
敢于露面。

其中的一
位母亲说："这
样的小孩不适合
上学，是浪费时
间，他们只能待
在家里。我的孩

为了布莱德的病，妈妈试了所有的办法。

子13岁时我就让他休学在家了，免得我失去理智。你也照做吧。"

母亲原以为在这里会找到治疗的方法，结果发现这儿的消极气氛根本不利于孩子身心的成长，"这哪里是互动？难道要一辈子待在家里？"她向小布莱德道歉，并带他快速离开。小布莱德说："我和这儿的人们不同，他们向妥瑞症妥协，而我不会被疾病打败，永不放弃。"影片画外音说：很难想象那时12岁的我就懂得了人生哲学，这就是我决定性的一刻，永远都要正面迎接对手。

正在成长中的孩子，尤其是青春期的孩子，性格和心理会因为身体发生的生理变化变得敏感、脆弱。有些孩子因为学习或者生活上的小小挫折，变得萎靡不振，或者自闭、消极。再加上社会环境的优越，和独生子女特有的生存方式，导致现代孩子的心理承受能力日渐脆弱，无论是被老师责怪了，还是和同学争吵了，似乎都有可能造成极端的行为。作为家长的您一定要在这个时候坚强地陪在孩子身边，告诉孩子，没有什么困难是不可以战胜的。最大的困难其实是自己对自己的不够信任。

建议：

(1) 对于孩子的难题，自己的事情自己办。

如果孩子遇到一些自认为不能面对或者克服的困难，你不能看着心疼，就勇于代劳。我们只能鼓励他，但一切绝对得由他自己来。因为，孩子的一生还有许许多多的难题，这是他自己的人生，让他自己去面对和体验。

(2) 不要让孩子输在"糖衣炮弹"里。

当代都市里，很多孩子脆弱的性格其实是过于优越的环境造成的。上学放学都有专车接送，迟到了不是自己反省，而是怨恨父母开车太慢。没有尝过挤公交车、排队等候。这样的孩子必然不懂得谦让、互助和分享。他们优越的成长环境给他们带来自私。

这样的环境里，很多孩子性格脆弱，受不得丁点儿的打击。遇到挫折，仿佛天就要塌下来般无力应对。这其实与过于优越的环境和过度的溺爱有极大的关系。优越的环境让孩子认识不到幸福的来之不易，体会不到辛苦之后的甘甜；过度的溺爱则让孩子养成饭来张口的习惯，以为父母对自己的所有付出都是理所当然。家长们往往以为让孩子远离一切挫折与困苦就是给予孩子最大的幸福，殊不知，这些孩子已经输在了起跑线上。

忌讳：

(1) 如果孩子犯错，只是训斥，不讲道理。

(2) 在别人面前包庇自己的孩子，即使孩子有错在先。这样会使孩子变得骄纵。

(3) 对孩子的事情，无论大小，代包代办。

二、健全的心理胜于健全的肢体

作为家长，我们对孩子有着本能的呵护，希望他们能够不受一丝伤害。只是，我们的孩子最终还是要走进社会去历练的，我们无法陪伴他们一生，也无法预知他们将要遭遇的风浪。不过，我们却能尽早帮助他们构建一颗健全而坚强的心灵，来面对每一道人生的难题。

音乐会上，小布莱德频频发出的声音引人侧目。音乐结束后，校长走上台问大家："你们听到什么别的声音吗？"所有的孩子都望向小布莱德。于是校长请布莱德上台。

校长：你喜欢发出怪声吗？

布莱德：不，先生。

校长：你为什么要发出怪声？

布莱德：我有妥瑞症。我大脑有问题，所以发出怪声。

校长：但你想控制就可以控制。对吗？

布莱德：不，我控制不了。这是一种病。

校长：怎么没有接受治疗？

布莱德拿着麦克风，面对着全校同学，一边发着怪声，一边抽动着脖子。

布莱德：没有药可以医治。先生。你们不喜欢听到怪声，我也不喜欢。我压力大的时候会更严重。但如果大家接受我，我就不那么严重了。

校长：我们能怎么做？我是指学校的每一个人。我们能怎么帮你？布莱德？

布莱德：我希望大家别用异样的眼光看我。

校长：说得好，回去坐吧。

同学们掌声四起，男孩幸福地走下台。望着大家善意而理解的眼光和远处校长的身影，布莱德在心里说："说几句话，教育一下，就像开启了通往全新世界的大门。我知道将来我不管怎么做，是否能克服妥瑞症，我都要当一名老师。"

校长短短的一席话语，犹如一只大手般驱散了布莱德心头的乌云，照亮了他今后的人生之路，使他能够正视自己的疾病，鼓起勇气过正常人的生活，也教会了其他孩子以一颗平等、包容的心来对待他人。

布莱德任教的班级里有一位家长，因为他的妥瑞症而强迫自己的孩子转班。可转班后的

布莱德试了一家又一家学校，但从未放弃。他虽身残，但却有着健全、美丽的心灵。

女孩却偷偷从自己的教室溜出来，在布莱德的教室门口听他的地理课。这位家长的做法我们都可以理解，毕竟谁都希望自己的孩子健康成长，但是他却受习惯性偏见的影响，因为缺乏调查和了解而让孩子失去了听到更精彩课程的机会，也失去了让孩子正视苦难、学会坚强和宽容的机会。

失败了可以爬起来，身残了还有意志。在人生的旅途中，不论我们遇到什么艰难，如果有了健全、强大而丰富的内心世界做支撑，人生就仍然精彩。

建议：

(1) 给予孩子正常的父母之爱。

"正常"即不过分溺爱，也不过度要求。

这就是说，对待孩子要客观一点。尽管大多数父母都能包容孩子的缺点，

但是对于想要培养孩子拥有健全人格的家长来说，我们就得学会适当拉开距离。

正常看待他的言行。孩子做错的地方要及时指正，不要看着孩子浑身上下一切都是好的。

用正确的是非观指引孩子，在这一点上不要有私心。比如，孩子买东西忘记付钱，一定要求孩子追补。

用他人的标准要求孩子，互相攀比。这会造成孩子的心理失衡，孩子一旦感觉达不到父母要求的高度，便会消极应对，最后放弃。

(2) 让孩子学会爱自己。

爱自己，首先就要成为值得爱的人。

做值得爱的人，就要随时规范自己的言行并检查自己是否需要完善自己。时时自省。可以从自己身上发现不足。现在独生子女的自我意识很强，很多孩子在被责备的时候总不忘对家长或者他人反问：我怎么了？或者把责任推到别人身上，总认为自己没有问题。

自省会让孩子对自己有所要求，并自觉规范自己的行为，养成习惯，逐渐成为完善的人。这样也会为孩子赢得更多爱他的人。

(3) 成长的路上，需要朋友。

在一个人面对挫折的时候，我们需要同舟共济的朋友来给我们打起，需要朋友的提醒，帮助我们走上正途。成长的路上，有朋友的陪伴和支持，路就不那么难走。

首先家长要做孩子的良师益友，做一个不断鼓励、启发、聆听孩子内心的人。每一个人都无法完全了解自己内心深处的情绪、感受和想法，我们需要有人帮助理清自己的想法和感受，及时面对问题。同时鼓励孩子走出去，在广阔的大千世界中结交好朋友。

(4) 如果家长们感到确实对孩子的问题无能为力，不妨向专业人士求助。

如果家长确实不能够帮助孩子纠正心理误区，可以试着帮助孩子请专业的心理医生，或者带孩子参加一些心理治疗课程。这一定要越早越好，不要无限制地拖延。孩子的心理建设一旦被耽误，会耽误其一生。

三、困境教会我们坚强勇敢，"缺陷"指引我们前行

困境和自身的"缺陷"是我们都不希望遇到的，大家都渴望一帆风顺，但人生的路途上，遇上什么是我们无法控制，也无法预料的。人类能够在地球上生生不息，更多的是人类自身与生俱来坚强和勇敢的品质，使得我们不断超越自己，引领自己前行。

影片中，布莱德患有严重的妥瑞症，这是他不得不面对的现实。更糟糕的是，他的梦想竟然是成为一名教师！他曾尝试多次，均以失败告终。于是他在地图上一一圈出尚未拜访的学校，然后驾车前往。在被25所学校拒绝后，布莱德来到山景小学，在等待答复的过程中由于紧张，他出现了更严重的妥瑞症症状，但是面试过程中，他的真诚打动了校长，最终被聘用。正是"缺陷"帮助布莱德寻找到了人生的目标和方向，使他意识到成为一名教师对于他人生的意义：

片段一：继母戴安去看望布莱德，替布莱德的父亲说情。

戴安：你的爸爸很爱你。他是用自己的双手打拼事业，希望你能参与（布莱德的父亲一直希望布莱德不要去找教师的工作，不要去碰钉子，而是承袭他的事业。在父亲看来，成为教师对于有妥瑞症的布莱德来说是不可能的事情），你不要怪他。他只是在尽爸爸的本分，希望你融进他的人生。他不希望看到你失败、受伤。

布莱德：最让我受伤的是，他从来不接受真正的我。他脑子里有完美儿子的形象，而我不是。他很正常，是我不正常。

戴安：或许是你不正常，你有教学的天分，这不是克服了妥瑞症的障碍，而恰恰是因为妥瑞症。

布莱德听到戴安的话以后，眼神里显现出一道光芒。

片段二：布莱德获得了年度最佳教师，他在众人的欢呼声中走向领奖台。

布莱德：我要感谢我这辈子最难搞、也最执著的老师，我多年的同伴——妥瑞症。有些人一定觉得奇怪，我怎么把一种残疾称为老师呢？我

从残疾中学到什么呢？

　　台下他的一个学生盖伦举起了手：你学会了坚持到底。

　　另一只手也举起来，是学生伊莱：你学会了不让残疾阻止你。

　　最难管理的学生汤玛斯也举起手：你学会了不被残疾打倒。

　　布莱德：去适应妥瑞症让我学会了全世界最宝贵的教训——千万别让任何事情阻止你追逐梦想。缺陷恰是我最好的老师！

　　布莱德说："孩子跟成人不同，心中只有想做什么，而不会先想不能做什么。"当你遇见一个不得不跨越的困难，你别无他法，只有拼命地跳起来，于是你终于跳过了。你看到自己的力量，看到困难在你脚下。于是你便知道，其实没有什么可怕的。困境教会我们坚强勇敢，还给予我们信心。你会想：这一坎我都能过，我还有什么不能？

布莱德承受着常人难以忍受的痛苦，可他用顽强的毅力，与妥瑞症抗争到底。

　　现实中的例子比比皆是，好莱坞明星汤姆·克鲁斯，也许很多人不知道他其实患有阅读障碍症，这意味着他不可能轻松地学习，甚至连读报、看剧本都成问题，但是这没有阻碍他成为世界知名演员。又如大家都熟悉的斯蒂芬·威廉·霍金，他在21岁时不幸患上了会使肌肉萎缩的卢伽雷氏症，在轮椅上坐了47年，身上唯一能动的只有3根手指。虽然演讲和问答只能通过语音合成器来完成，但他却成为世界上最优秀的理论物理学家。还有贝多芬，失聪后坚持不懈，创作出20多部传世精品。法国后印象派画家图卢兹·劳特雷克，幼年不幸落马，造成腿部不再发育，变成头重脚轻的侏儒，但他却是法国最优秀的后印象主义画家。2010年上海世博会上，法国馆的镇馆之宝之一就是他的画作……

面对缺陷和困难，他们没有选择放弃，而是迎难而上。或者说正是因为缺陷，他们才加倍努力，付出比常人多倍的辛苦和勤奋。天道酬勤，付出一定会有回报！

所以，困难指引我们前行；缺陷，却是最好的老师！

建议：

(1) 要让孩子明白：别人眼中的困难，却是我们自己的珍宝。

无论如何要让孩子了解到：人的一生不会总是一帆风顺，艰难险阻是常常要面对的人生课题。遭受失败和困难的过程，虽然会很辛苦，但我们却会从中吸取教训、积累经验。挫折和失败能帮助我们成长，帮助我们更清楚地认识自我和这个世界。

如果孩子遇到一些自认为不能面对或者克服的困难，家长们不能看着心疼，就勇于代劳。因为，孩子的一生还有许许多多的难题，逃避不是办法，代劳也不可能永远，这是他们自己的人生，让他们自己去面对和体验吧。

(2) 不要让孩子输在"糖衣炮弹"里。

当代都市里，很多孩子性格脆弱，受不得丁点儿的打击。遇到挫折，仿佛天就要塌下来般无力应对。这其实与过于优越的环境和过度的溺爱有极大的关系。优越的环境让孩子认识不到幸福的来之不易，体会不到辛苦之后的甘甜；过度的溺爱则让孩子养成饭来张口的习惯，以为父母对自己的所有付出都是理所当然。家长们往往以为让孩子远离一切挫折与困苦就是给予孩子最大的幸福，殊不知，这些孩子已经输在了起跑线上。

(3) 尝试"逆境教育"，创设情境练习。

挫折教育是指让受教育者在受教育的过程中遭受挫折，从而激发受教育者的潜能，以达到使受教育者切实掌握知识的目的。如家里虽然有车却不送孩子上学，尽量让孩子骑自行车或者自己乘坐公共交通工具；让孩子自己整理自己的行李、书包；让孩子参与部分家务劳动；让孩子参与野外生存拓展训练等。

家长们可以经常针对一些社会现象或者突发事故，问问孩子遇到困难时怎么办？遇到诱惑怎么处理？增加孩子冷静面对问题和困难的理性思维。

忌讳：

(1) 不让孩子受一点皮肉苦。所有事情代办代劳。甚至帮忙排队买演唱会门票。

(2) 给孩子没有节制的零花钱。

○ **亲情贴士**

健全的人格包括：

1．能够正确、客观地看待自己，能够正视自己的缺点和优点。

2．身心均衡发展，有一定的心理承受能力，不会过于敏感、患得患失，不过度注意别人对自己的看法。

3．能够建立起适宜的人际关系，能够客观、准确地判断别人的言行和思想。

4．尊重真理，尊重客观事实，不主观臆测，不随波逐流。

4．有健康而协调的人生观和世界观，自尊自爱。

5．懂得包容、聆听和兼爱，对生活充满热情，热爱工作、学习和家庭。

○ **课外资料库**

在教育过程中，对受教育者进行挫折教育是非常有必要的。许多到达光辉顶点的人往往不是最聪明的人，而是那些在生活中遭受挫折的人，这是因为，那些自认为自己聪明的人往往会选择走一些所谓的"捷径"，这些所谓的"捷径"往往会丧失一些非常有意义的锻炼机会；而那些生活在逆境中饱经风霜的人，才更能深刻理解什么叫成功。因此，在教学中，对学生进行挫折教育是锻炼提高学生潜能的一种很好的方法。

　1.挫折教育的作用：

(1) 挫折教育能够激发学生的潜能。

在正常的现实生活中，人总有一种潜能不能被激发，这种潜能只有在一些非常的情况下才能被激发。对于学生而言，当其遭受挫折时，便容易激发学生的潜能，越不容易找到答案，就越能激发学生的潜能和探究精神，从而进行研究性学习，切实掌握知识。

(2) 挫折教育能打击学生的骄傲情绪。

有些学生由于受到年龄、经历、学识等的影响，往往会产生一些不应当有的错误，如：粗心大意、骄傲自满等。在这种情况下，人为地设置一些挫折让其遭受以打击其骄傲情绪是非常有必要的。当然，这种挫折应当有一定的限度，应当在事后给学生说明，并且不是以真正打击学生为目的，而只能是通过这种人为设置的挫折，让学生受到教育，使其明确挫折对自己的作用，并正确认识自己的能力，排除自己的骄傲情绪，戒骄戒躁，从而取得更大的进步。

(3) 挫折教育能够使学生真正享受成功的喜悦。

学生如果是通过自己的努力解决完一个难题时，那种喜悦是不言而喻的，是无法用语言来形容的，那要比从师长或书本里学到知识更让其感到欣喜。因为从师长或书本里得来的知识，是别人已经整理好的，没有什么趣味性与探究性而言，学生的识记是枯燥无味的，而只有通过自己的努力与探究掌握的知识才是对自己来说更有意义的学习。"纸上得来终觉浅，要想绝知须躬行"，说的就是这个道理。

2.对待挫折的方法：

(1) 正视挫折。

教师要指导学生学会正视挫折，在现实生活中，不遭受挫折是不可能的，关键是对待挫折的态度。如果遇到挫折便心灰意冷，没有生活下去的勇气，那么，你的一生将会一无所成。因此，每个人都应当树立这样的思想：挫折使我们又多学到了一些在通常情况下无法学到的知识，是使我们更加倾向成熟的一种有效途径，只有这样，我们才会不怕挫折，才能会更加正确地对待挫折。

(2) 克服挫折。

有了正确的思想，接下来便要有正确的解决问题的方法。遭到挫折以后，便要想方设法去克服它。这不仅能够使学生掌握一个问题的答案，更重要的是能够使学生掌握解决问题的方法以及在解决问题后对成功的喜悦，这是在其他任何情况下都无法提供的。

(3) 避开挫折。

在尽可能的情况下，避开挫折是我们的一条较为理想的解决问题的方法，因为在这种情况下，我们不需要付出太多的努力便能够达到我们的目的。但避开挫折是需要一定的技巧的，不是一般的人能够做到的，它需要特别的解决问题的熟练程度。

（4）从挫折中学到知识，吃一堑，长一智。

不能从失败中学到知识的人是没有什么希望的，人不应当两次在同一个地方跌倒。对于在生活中遭到的挫折，我们要善于总结，以便从中学到一些经验，从而内化为我们的知识，为我们以后使用，帮助我们不要在同一个地方再跌倒，这才是我们要做到的，也是挫折带给我们的礼物。只有这样，我们才可以说我们已经初步掌握了对待挫折的正确方法，才能够对我们的人生有一定的帮助。

——摘自马利琴《挫折教育——用逆境培养最优秀的孩子》

3.一些国家和地区关于逆境教育、挫折教育的例子：

这里我先转引一个听说过的例子：美国孩子摔倒了，母亲说："宝贝，自己站起来！"然后用鼓励的眼神望着孩子，直到孩子自己站起来；一个非洲孩子摔倒了，母亲没有说话，只在孩子旁边反复模仿摔倒并站起来，以无声的实际行动教孩子自己站起来；一个中国的孩子摔倒了，母亲马上跑过去，扶起孩子，不停地说："宝贝，别哭，摔着没有？"有的母亲还直跺地面："都怨地不好，让宝宝摔倒了，妈妈打地，宝宝乖！"于是孩子不哭了。

美国父母鼓励男孩不带一分钱，独立去谋生，18岁就以成年人论，父母就会给他们自由，这包括让孩子自己去面对生活中的一些困境；瑞士父母让男孩从小到双语区做保姆，学习语言；德国用法律规定，孩子应承担相应的家务，例如为全家人擦皮鞋；在日本，父母让男孩到农村"留土"，在业余打工赚钱；在法国，幼儿园小朋友，要在下雨天撑着伞，自己在瓢泼大雨中行走。

日本幼儿园在日常教育内容中设置"棍棒对击"的内容，以培养孩子的承受能力，以及对突然而来的打击的应付能力；让孩子赤脚走路，以锻炼孩子的忍受能力，在很冷的天气里，让孩子穿短裤到阳光下活动，以锻炼孩子的抗寒能力和意志力；中学生到春秋季，被送到一些孤岛上生活两周，给他们一些工具，让他们自己搭房子，自己抓鱼打猎维持生活，然后再接回来，以使孩子受到磨炼！

第二辑

成长
必需的历程

外面的世界很精彩，

被学校和父母保护着的孩子们对社会的

霓虹充满好奇，时不时地探头过去。

这，是孩子们最敏感、易怒，焦躁的时期，

也是为人父母最头疼的时期。

让他们走入丛林吧，这是一条必经之路。

他们的成长将在这里完成。

即使有伤害、迷路，但也会收获成熟。

精选影片：
《成长教育》
《朱诺》
《一球成名》

拓展影片：
《幸福终点站》
《当幸福来敲门》
《舞出我人生》

第七讲

总是会受伤 /《成长教育》

◎片　　名：An Education

◎中文译名：成长教育

◎上映时间：2009年9月10日

◎出品国家：英国

◎类　　别：剧情

◎导　　演：罗勒·莎菲 Lone Scherfig

◎主　　演：凯芮·穆里根 Carey Mulligan

　　　　　　彼得·萨斯加德 Peter Sarsgaard

　　　　　　阿尔弗雷德·莫里纳 Alfred Molina

　　　　　　多米尼克·库珀 Dominic Cooper

○ 剧情简介

　　影片描写的是一位16岁女孩珍妮面对个人成长、家庭期许以及突如其来的迷人爱情，从女孩转变成女人的心路历程。

　　珍妮是一个聪明开朗的小姑娘，就读于英国伦敦乡下一所女子学校的预科班，由于她的成绩很好，学校老师很器重她。她是众所期待考上牛津大学的"种子选手"。父母也指望她来改变家庭的生活环境。她是学校和家庭的希望。她学习努力，生活简单。

　　某天下大雨，她在雨中带着大提琴艰难行走，这时一辆豪华轿车开过来，里面的一位中年人提出载她一段，于是她上了车。

　　后来这位中年人不断地出现，他成熟时髦，出手阔绰。甚至一向小心谨慎的父母也为之倾倒。于是珍妮迅速地陷入到这个名叫大卫的男人的怀抱里，享受着他给她带来的一切。珍妮不再勤奋读书，并且在学校公开嘲讽教师，她认为生活里面是有捷径的。

　　出席艺术品拍卖会，去巴黎游玩，去观看赛马等等，珍妮沉溺在大卫带给他的新世界里。大都市的灯红酒绿和浮华奢靡，这一直是她非常向往的生活。在此之前她从未曾想过，这种生活如此轻易就能得到。所以很快她就沉迷其中不能自拔，对大卫告诉的一切丝毫不怀疑。当大卫提出订婚，她在父母的推波助澜下，一口答应了。备考牛津的念头被抛诸到九霄云外。甚至她去办理了休学手续。

然而真相还是来临了，大卫根本就是个已婚男子，并且有孩子，就住在离她不远的街区。珍妮终于开始自省，重新审视这样的生活是不是自己想要的。

后来珍妮还是振作起来，回到学校，重新备考牛津，并终于考上大学。经历成长，她变得更加成熟和智慧。

○ 我的观影笔记

成长教育（Growth Education）最初的概念，是上世纪七十年代初以荣格等为代表的西方心理学家和社会学家提出的。他们认为："青少年成长过程中，在学习文化科技知识的同时，还要学习做人、强化心理能力。"

从上世纪八十年代起，成长教育的概念已为越来越多的教育机构、心理学

珍妮陶醉于大卫的爱情和财富之中，以为自己曾经的梦想轻而易举便可实现。

家、社会学家等所关注，并已进入教育实践阶段。例如上世纪就已风行欧美的蒙特梭利幼儿教育、戴尔·卡耐基成人教育、康斐丹释成长教育，以及国内中小学的素质教育、多种情商教育、企业各种人才培训等等，都越来越注重人的心理能力和思想能力的培养。

这部电影改编自记者琳恩·巴伯的回忆录，剧本由尼克·霍恩比编写，该剧本曾被《综艺》杂志评为"2007年末最优秀的英国剧本"之一。

影片向我们讲述了一位有着很好的天资、聪明勤奋的姑娘，如何在青春期时经历了一场突如其来的爱情骗局，差点在求学途中迷失的故事。

在这个故事中我们可以看到，即使是聪明绝顶的姑娘，在"糖衣炮弹王子"的攻势下，也会被诱惑。尤其是当一向家教严厉的父母也经受不住物质的迷惑时，父母的变化对她的思想转变起了推波助澜的作用，使她觉得人生是有捷径可循的，无需经过自身努力，就可以直达梦想。所以，她一改往日的勤奋刻苦，转而对同学炫耀，对老师讽刺，自认为已经踏上了冲向美好生活的捷径。

但现实终究是现实，真相总会大白。当大卫的谎言被戳穿的时候，现实如同一记耳光般重重地打在珍妮的脸上，也打在珍妮父母的脸上。这时，他们才想起丢失掉的脚踏实地的生活。

还好珍妮最终选择了重拾书本，继续奋斗。电影最后，已经考上牛津的珍妮重新开始新生活，她装作从未去过巴黎一样，对约会男生的邀约表现出万分的惊喜。成熟了的女孩子，周身散发着迷人的光彩。或许，有所经历没有什么不好。经历，是教训也是教育，它帮助我们成长，让我们知道在今后的道路上如何更好地保护自己，如何更好地享受生活。

外面的世界很精彩，被学校和父母保护着的孩子们对社会的霓虹充满好奇，时不时地探头过去。比起书本的枯燥和父母的唠叨，缤纷的色彩更让人向往。孩子们希望摆脱父母的庇护，尽快地成长，进入"自由"的成人世界。这个时候，是孩子们最敏感、易怒、焦躁的时期，也是为人父母最头疼的时期。父母和孩子要怎样面对外界的诱惑？怎样平衡理想与现实？让我们从这部电影中找寻答案。

○ 课堂反思

一、教育要贯彻始终，不能前后矛盾。

父母对孩子的教育手段和教育理念最好是持续而目标统一的，这样孩子才不容易因为你的左右摇摆而迷失。现阶段很多父母都是以考大学为目标，对孩子提要求，一切学习为高考准备，一切活动为高考让路。于是这个高高在上的灯塔诱惑着孩子，直至他们踏进大学的校门。当考上大学后，他们需要更深一层人生指引的时候，家长消失了。

我本人就是一个例子。父母曾经一直以考大学为目标对我增加学习强度，他们认为除了学习，其余的都是不务正业。当我终于考上大学，别的同学忙于准备四六级考试、考研的时候，我却不知道自己应该干什么。因为爸妈说，你考上学就不管你了，想怎么样都行。于是毕业时站在继续深造还是择业的十字路口，我失去了方向，因为在别人早已积极准备的时候，我已经浪费掉了太多时间。让我们看看下面两个片段：

珍妮在教育管理森严的学校和家庭里读书、生活。

片段一：

珍妮：等我上了大学，我要读自己喜欢的书，还要穿黑色的衣服。

　　父亲：看来你还挺叛逆的，这些就等你考进牛津再说吧。

珍妮：不，难道你不希望别人稍微为自己着想下吗？

父亲：我当然不想。

片段二：厨房里，父亲母亲正在洗碗，珍妮走进来。

珍妮：如果我不去读大学而直接结婚呢？

父亲：结婚？

珍妮：结婚。

父亲：那当然是看和谁了？

珍妮：是吗？有意思。

父亲：当然了，我不会让你因为想结婚而结婚的。

母亲：有人向你求婚了吗？

珍妮：是的。

父亲：谁？大卫？

母亲：你怎么答复他的？

珍妮：什么都没说。

母亲：你还有得选择么？还是说已经迟了？

父亲：他当然有的选择了，你真会说笑。

珍妮：你应该说，牛津怎么办，才对。

父亲：我们换种方式看待这件事。你现在不是非去不可了，是吗？

珍妮：我本来不需要去，还需要进一步说明吗？所有那些拉丁文、那些文章，有什么用？为什么你不把我送到夜店外边游荡？这样麻烦更少，我也会得到更多的乐趣。

　　父亲：我不知道什么夜店，但我知道教育，无论如何，这看起来都是最好的结果。

　　珍妮：为什么？

父亲：如果你很笨，他是不会要你的，对不对？

珍妮的父亲对她的管教一直颇为严厉，他时时刻刻以考上牛津大学为由对珍妮进行鞭策，而等到珍妮遇到有钱又巧舌如簧的大卫时，态度来了个大转弯。他甚至帮助珍妮决定嫁给大卫，放弃怀揣许久的大学梦。

家长们普遍都存在着这样的矛盾心理：一方面希望孩子完美，希望孩子能在学业上和品行上都出类拔萃；另一方面，出于一种人的本性，又时刻担心孩子在这条路上会遭受挫折、蒙受委屈，不希望孩子受苦。他们不自觉地抱着趋利避害的心态，如果有捷径，他们自然希望孩子不受一点苦就大富大贵；如果有可能，他们当然希望孩子早一点得到一个安稳的职位享受人生。这种矛盾的心态下的教育，怎能不造成孩子价值观的迷失呢？

所以说，父母对孩子的教育一定要制定长久的目标，并且持续下去。

建议：

(1) 对孩子的教育要有一个统一的标准，并贯彻始终。

作为家长不能人云亦云，过于追随世俗的物质性标准。正确的人生观、价值观虽然不能在短期内收获财富，但对孩子整个身心的成长和健全的人格对是非常重要的。千万不要因为眼前的一些小利而让孩子失去了接近崇高的机会。

(2) 孩子每个成长阶段都需要你前瞻性的指引，这个大方向很重要。

孩子迈出的每一个人生阶梯，特别是诸如升学、择业这样富有转折性的重要时刻，家长都要在场，帮助孩子做出选择。

很多中国家长都有这样的概念，即把孩子送进大学就已经任务完成。所以在高中阶段疯狂学习的孩子们，到了大学突然松弦，丧失目标。几年大学浑浑噩噩地度过，到毕业时才发现荒废了学业，也浪费了大好的青春时光。而另一类学生，他们总能合理安排自己的学习计划，专业学得不错，社会实习也做了不少。四六级、考研、找工作、出国，按部就班地迈出每一步。后来我才了解到，在他们迷茫的时候，往往都有人从旁指点，或是父母、或是师长、朋友。

身为父母，在孩子每一个成长阶段把自己的意见告诉孩子。做一个前期指引，会比出现问题再去一个一个地解决更为主动。

(3) 对于孩子不要过于保护，有些成长阶段的经历是必要的。

孩子在青春期会有一些自己的社交活动，这是孩子迈向社会、长见识交朋友所必须参与的。家长不可草率拒绝，可以先大致询问一下活动的内容、地点、时间，如果没有危险性，不妨鼓励孩子参加。不要所有的活动都一味反对，把孩子保护在一个壳子里，那他永远不会长大。终究有一天，他要走进社会，接触外界的空气，面对形形色色的人，独立解决问题，如果任何社会经验都没有，这才更令人担心。

忌讳：

(1) 没有一个总的教育原则和成长目标，在孩子不同成长阶段的要求变来变去，甚至互相矛盾，或是任凭孩子自己随波逐流。

(2) 盲目保护自己的孩子，不能够让孩子受丁点儿委屈，甚至在老师同学面前替孩子打圆场、说谎话。大包大揽一切，孩子只负责学习。这些保护实为伤害。

二、面对诱惑和考验，家长要做一个好榜样，有自己的风范。

青春期的严峻不单单指孩子，更考验的是父母。父母希望孩子能够顺利成长，得到更好的有保障的未来。但是遇到一些诱惑的时候，父母要分得清眼前利益和长远发展。不要因为一些眼前的利益，过早地把孩子耽误了。

这里有一个实例：

我教过的两个学生，因为参演过收视率很高的电视剧而成名。面对学习，他们父母的态度截然不同。一个的家长以孩子的学业为重，让孩子把重心放在学习和校园生活上，只在节假日才合理安排孩子演出，所以这个孩子的各项基本素养很不错，有着这个年龄孩子该有的单纯和青涩。更重要的是，有求知欲。

而另一个孩子的家长拼命让孩子接戏。老师们苦口相劝的时候，他姿态高得不得了，口口声声说自己的孩子是大明星，挣下了为父母换新房子的钱，你们老师能挣多少？在这种态度的影响下，那个孩子整日除了拍戏，就是混迹自家的麻将馆，荒废了学业、过早地成熟。孩子眼前是很风光，但未来怎样，我们是很担忧的。

影片里，珍妮从外归来，经过大卫家时遇见了他的妻子和儿子。父亲问

面对出手阔绰的大卫，珍妮父母变得急功近利。

珍妮："你看见她了吗？我们得把这件事解决了，你要是不愿去我去，毕竟我是你父亲。"珍妮反问道："你又是我爸爸了，是吧？当你鼓励我抛弃自己生活的时候，你是什么？愚蠢的学生总是被光鲜的老男人所引诱，那你们两个呢？"孩子的质问值得我们做家长的反思。影片中珍妮的爸爸永远都在抱怨生活的不易，只要提到钱的事情就会大发雷霆。而眼见一个富裕的男人，可以带他们脱离贫穷琐碎的生活，带女儿来到那个本需很长时间努力才能得到的、充满生活享受的上流社会，他曾经的信念一朝崩溃。

这部电影改编自英国女记者琳恩·巴伯的回忆录。多年来她人生的唯一目标、她处于下层中产阶级的父母的唯一期待，就是考上牛津大学。16岁那年的某天，扛着大提琴在雨中等公车回家的她，引起了一个开着闪亮跑车的男人的注意。这个比她大许多的潇洒男人成了她的男朋友，从此带她进入了一个全新的世界：高级餐馆、音乐厅、夜总会、巴黎……而且还成了她家的座上客。这也是影片中珍妮的经历。珍妮的父母对这个谈吐风雅、举止阔绰却身世模糊的大卫的喜爱，似乎比她更甚。当他向她求婚时，珍妮尚在犹豫不决之中，而她的父母却答应得十分痛快。

在整件事中，珍妮所受到的"教训"，可以说是多层次的。不被人的表面所欺骗，当然是最简单的道理，而更深一层的影响，是让她看到了成人世界的虚伪与背叛。她质问父母："小女生被人骗，你们都是大人了，怎么也把我往火坑里推？"这一点在琳恩·巴伯的原著中说得更为清楚。她受到的最大伤害，并非来自于大卫，而是她的父母：十几年辛辛苦苦培养她上牛津，教育她要自立要有智慧，而有钱人一出现，就立刻将所有大道理抛诸脑后，把女儿推向那个有钱人的怀抱。

在珍妮还在犹豫和困惑的时候，父母对她的教育态度来了一个180度大转弯。正是这样的父母，加速了她的"堕落"。设想如果珍妮真的嫁给大卫，珍妮的生活会是怎样？如果珍妮

珍妮被大卫领进纸醉金迷的成人世界，并开始沉醉其中无法自拔。

的父母坚持自己原来的教育原则，鼓励她执著于学业，靠自己双手去打拼未来的话，又会是怎样的结局？

要知道，谎言终会被戳穿，而真本事却是一辈子的立足之本。面对物质诱惑，我们做家长的，可真要掂量好了。

建议：

(1) 在孩子成长的各个阶段，不要用物质利益来诱惑孩子前行。

我们如今的很多家长，学会了通过物质奖励来补偿孩子的办法："如果你考了……分，爸妈就给你买……"这种补偿成了习惯以后，一切的付出都开始扭曲，成为衡量利益的筹码和一种理所当然的支出。孩子心灵的田园，丧失了努力的快乐和感恩的思想，只剩唯我独尊的莠草没有约束地蔓延。

而且这种补偿多数情况下会演化成一种放纵——文化课学习之外的放纵。由于放纵，孩子个性中的很多弱点被淡化忽视，许多违反行为规范的举动被认可甚至纵容。小错的点滴积累，慢慢地形成孩子个性中的褊狭自私与冷酷，使得孩子在处理问题时不能通过理性和规范来约束行为，而是率性而为不顾后果。

所以，家长们要跟孩子讲清楚正确的道理，而不是单纯用物质利益来引诱孩子获得好的成绩。不然，孩子即使获得了物质奖赏，也只会将自己努力的价值等同于这个物质的补偿，而不清楚他付出劳动的意义和心灵的欢欣。

(2) 承诺，一定要掷地有声。

有些家长喜欢给孩子这样那样的承诺，只为欺骗孩子一时的服从；有些家长经常夸大某些承诺，只为给孩子虚构一个理想的图景。这样的家长，自然知道承诺的无法兑现和空中楼阁，但却不知，孩子是非常相信这些话的。他们会将你的话深深地记在心里，并期待有一天它们会成真。但你想过没有，如果孩子发现你是在欺骗他们，结果如何？一来，你无法再树立起自己的权威，二来，孩子不会再相信你。更可怕的是，你为他们勾画的理想图景一旦破碎，迷茫愤怒、不知所措会一股脑儿地摧毁孩子的信念，重建起来谈何容易。

所以既然开口承诺，就一定要办到，千万不要信口开河，导致出口的承诺最终无法兑现。

(3) 身为家长要善于高瞻远瞩，培养孩子优秀的个性品质。

首先，身为家长不能太短视，自己的品格要能够做孩子的人生导师，自身要起到模范作用，在做任何事之前，要先想想自己为人父母，可能对孩子造成的身心影响。这样孩子会因为佩服你而愿意亲近你，听你的教导。

第二，不要以牺牲人格为代价来获得投机的利益，这并不是说就让自己的孩子做个"圣人"，因为没人能在空中楼阁中生存，只是说身为家长，要把握好这个度。从长远的角度，教会孩子分辨是非的标准和独立的人格，使孩子在面对今后的困难和歧路的时候，能够做出自己的正确选择。

忌讳：

(1) 盲目看重眼前利益，希望自己的教育能够获得立竿见影的效果，忽视对孩子独立人格的培养。

(2) 口口声声把钱挂在嘴边，只要赚钱多就是能耐。

三、对孩子兴趣的培养不能太功利。

孩子的兴趣源自天性，对于个体而言，这是很宝贵的。但是在如今竞争激烈的社会里，兴趣却变成了手段，一些对特长生的优惠政策甚至变成了家长们钻空子的阶梯。

家长们争先恐后地给孩子们报满了各种兴趣班，让孩子赶场似的忙碌其中。究其原因，得到的答案大多是："因为大家都这样啊。""别的孩子都会，而我的孩子不会，那怎么成！""多学一样，以后没准就用的上。"由于大多数家庭都为独生子女，他们把一切希望都投注于孩子身上，期待着自己家里能出现超常孩子，这是可以理解的。可是，家长们有没有问过孩子的喜好？有没有考虑过博而不精的负面效果？有没有想过这些对正常生活乐趣的剥夺？

被真相击醒的珍妮开始反思自己的生活和目标。

　　由此也可知，家长们往往并不是以孩子的喜好和天赋为培养特长的目的，而是以是否有用的现实效果为标准。这本身和兴趣本身，就是背道而驰的。让我们看看影片中的几个片段：

　　片段一：珍妮一家围着桌子吃饭。

　　珍妮：明早我要写英语作文。

　　父亲：不错。我只想通过天花板听到，你努力的汗水滴落书本的声音。

　　珍妮：大提琴呢？

　　父亲：不许拉大提琴。

　　珍妮：我想我们已经达成共识，大提琴是我的爱好。

　　父亲：它已经是你的兴趣爱好了。当考官在牛津大学入学面试时问道，你的兴趣爱好是什么？你可以说，大提琴。那不是说谎，但你没必要去练习一个爱好。爱好仅仅是爱好。

　　珍妮：那我可以不去青年管弦乐团了吗？

　　父亲：不行，那不行，参加管弦乐团对你有好处。这表明你是一个资深成员。

　　珍妮：没错，但是我已经参加了，现在可以退出了。

父亲：不行，这样影响很不好，你不明白吗？那会显得你很叛逆，牛津不会想要叛逆的学生的。

珍妮：他们也不要只为自己着想的人。

片段二：雨天，珍妮遇到大卫，为了避雨坐进大卫的车里。

大卫：作为一个大提琴手，应该有很多演出吧。

珍妮：不是很多。他说那都是无意义的。

大卫：谁说的？你父亲？

珍妮：是的。他说音乐就只是娱乐而已。他们不会帮你出人头地。

片段三：珍妮在家中自由自在地听法语歌并跟着哼唱。楼下传来敲打天花板的声音和父亲的呵斥："我不要听见任何法语歌曲，上次我看教学大纲的时候，法语不在里面。"

珍妮父亲培养她的标准，完全是按照牛津大学的入学标准来进行的。他同意珍妮练习大提琴、参加管弦乐团的目的，并非培养珍妮的艺术内涵，而只是为进牛津的门提供方便。这和现如今我们一些家长对孩子的培养颇为类似。家长们只为中考、高考的加分而让孩子学习某种乐器、考级，而并不是从人本的角度真正给予孩子真心想学的东西提供环境。因此，很多孩子只是被动应对家长强加的"爱好"，即使自己曾经喜欢，也因它的功利目的和强迫手段而使孩子们丧失了对某一个领域的兴趣。

在学校里我经常遇到这样的情况：每逢艺术节的等课外活动的报名，很多孩子总是跑来问我："老师，如果我参加并得奖了，中考会加分吗？"如果我的回答是否定的，孩子们往往就会这样回答："那我就不参加了。"或者说："我妈说如果不加分的话就不参加。""我爸说了，只要语数外学好就行，音乐美术课不上都没事。"

这种功利的教育理念，过早地拔掉孩子梦想的翅膀，使他们远离生活的乐趣和崇高的理想。写满他们人生词典的，都是竞争、残酷和不择手段。

建议

(1) 兴趣的培养应以孩子的喜好为出发点，不要只是为了升学。

这样的例子我见得很多。我教过的特长生里面，有很多父母对我说过类似的话："孩子学习不好，对学习不感兴趣。考特长的话，对文化课分数要求不高，所以让他学特长吧。"

可是家长忽视这样的事实：孩子是否适合学习这门艺术？是否除了学习文化课和艺术特长，人生就没有其他选择？孩子对文化课没兴趣，学习特长就一定行吗？

我曾经在一所国家级重点学校上课，这所学校里没有特长生，但是孩子们绘画写生课上的作业竟然出奇的好。我把这归结为他们的认真。认真的学习和生活态度，对任何领域都很重要！

(2) 在培养孩子兴趣上，不要相互攀比。

我教的孩子里面，有很多假期里面报满了学习班。我问起家长原因，家长都说，别的学生都这么干，我们不这样，孩子就落后了。

孩子的教育，应该是很个人化的，因为每个孩子都是独特的个体。所以，在教育问题上家长们应该具体问题具体分析。别人那么做不代表就适合自己，别人学了不代表自己就必须去学，家长们要善于分析自己孩子的独特情况。盲目跟风、攀比，只会落得孩子、家长双疲倦。

忌讳：

对孩子这样说："只要语数外学好就行，其他副科不上都没事。""要是不加分，参加那些比赛有什么用？""忙乎那些社团活动干什么？好好学习去，操好自己的心就行了。""学音乐有什么用？能当饭吃？"

○ 亲情贴士

在孩子的成长过程中，家长是孩子的第一任老师，是陪伴孩子终生的益友。所以家长的榜样作用非常大，这是学校教育所不可替代的。

1. 你是怎么要求孩子的，首先问问自己能不能做到？

2. 不要轻视自己的一言一行，家长对人和事的态度会对孩子的行为形成潜移默化的影响。所以家长们要注意自身的德行，注意自己的处事方法。

3. 在对待孩子上，过度保护和过分要求都是不可取的。

4. 多从孩子们的角度出发考虑问题，少提点要求。

○ 课外资料库

以下是我对我的学生———个14岁女生的调查问卷，看了这个对话，家长们都有什么样的看法呢？

Q1：你认为什么才算是真正的幸福？

答：做自己想做的事，把每天安排充实。

不用顾虑别人的感受，和喜欢、爱、崇拜的人在一起。

Q2：你们觉得友情重要还是爱情重要，为什么？

答：友情。友情是理性的，而爱情是感性的！

Q3：你相信天长地久吗？

答：不信，但既然有这个词，就一定会有，例子。

但需要苦心经营，可没多少人能经营好，所以……不信！！

Q4：你现在过得快乐吗？？

答：请问，你觉得连续哭12个小时算快乐吗？

Q5：如果有秘密.你真的会做到坦白地告诉对方吗？？？？

答：如果对方是好朋友、是知己，就会。

Q6：喜欢呆家的感觉吗？

答：两种情况：1.如果家里没别人（包括爸妈），我喜欢。

2.如果家里有人……我宁可露宿街头。

Q7：觉得友情是永远的吗？

答：是，我相信她。

Q8：希望自己多大结婚？？

答：恩，我有点幼稚吧，起码有人都快30了还没结婚呢……

Q9：你会为他做自己从来不会做的事情？

答：不知道，那得看是谁，得看什么事，所以嘛……不一定。

Q10：你觉得男生头发长好还是短好？？

答：哈哈，我想起了一个人……异想天开中……

回正题，那得看是谁。

Q11：一辈子都不会忘记的事？

答：和她、他第一次见面，说话的情景。

Q12：如果爱一个人，是不是要拼命挽回？

答：不，绝不。

Q13：看到天空你想起的第一个人是谁??

答：她

Q14：你会爱他一辈子么？

答：不会，那个人还没出现

Q15：喜欢你的人和你喜欢的人，你会选哪个？？

答：我喜欢的。

Q16：你会以何种方式表现你对他的爱？

答：悄悄地奉献。

Q19：如果看到自己最爱的人熟睡在你面前你会做什么？

答：看他一眼，在他耳边说声我爱你，然后离开。

Q20：如果你想痛扁一个人，你希望那个人是？

答：我喜欢的人，但不是爱的人。

Q21：你会后悔过自己的决定吗？

答：不会。

Q23：你是好孩子吗？

答：不是。

Q24：觉得爱情和面包哪个重要？

答：爱情，因为我现在没爱情，有面包。

更何况面包会让人……

Q25：如果你失恋了你会怎么样？

答：不知道，没有真正的恋过一次，以前都是瞎胡闹。

Q26：如果你的BF经常不回家的话，你会怎样？

答：不回不回呗，我会做我自己喜欢的事。

Q27：心烦的时候要怎么办？

答：找朋友聊天，哭，发呆，找人骂我。

Q28：你是个记仇的人吗？

答：那得看是谁。

Q29：最爱的那个～离你有多远哈？

答：还没爱的人，你说有多远？

Q30：可以做到永不背弃爱吗？

答：不可能，做不到！

Q31：你在乎别人的眼光BO？？

答：别人得看是谁，要是她，就会。

Q32：经常感到孤独无助的时候吗？？

答：恩呐！

Q33：当你爱的人爱上了别人，你会怎样?

答：放手让他幸福，告诉自己无所谓！！别那么没骨气。

Q35：在你快死的那一刻你会做什么?

答：穿上舞鞋，换上表演服，化好妆，死在自己的梦想里，让梦想记住我。

Q36：你有没后悔爱上他?

答：有，说了是胡闹啦！！

Q37：今天天气怎么样？？

答：不好，心情不好天气也不好。

Q38：如果你爱的人拒绝你了，你认为受伤的是你的心，还是你的自尊?

答：？

Q39：当你和你的朋友喜欢上了同一个人，怎么办?

答：两个人竞赛加帮助，顺其自然。

第八讲

她只是迷路了 /《朱诺》

◎片　　名：Juno
◎中文译名：朱诺
◎上映时间：2007年12月5日
◎出品国家：美国
◎类　　别：剧情/喜剧
◎导　　演：贾森·雷特曼 Jason Reitman
◎主　　演：艾莲·佩奇 Ellen Page
　　　　　　奥赫·塞拉 Michael Cera
　　　　　　杰森·贝特曼 Jason Bateman
　　　　　　珍妮弗·加纳 Jennifer Garner

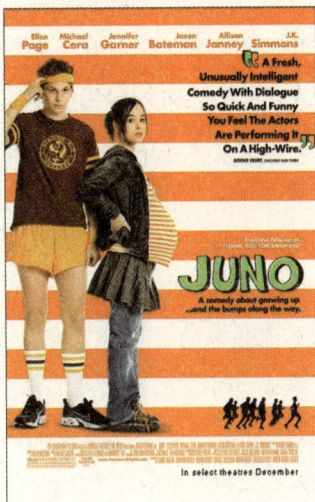

○ 剧情简介

　　朱诺·麦高夫，是个来自美国明尼苏达州的自信而直率的女孩。16岁的年纪，脸上总是挂着漫不经心的冷淡表情和毫不费力的一派轻松，一副大人的腔调。

　　影片开始朱诺提着一大瓶果汁边走边喝，这已经是第三瓶了，她疯狂地给自己灌水，为了验孕。很不幸验孕的结果是阳性。这是一个无聊的下午，她和同班同学保利发生关系导致的结果。

　　这种突如其来的事故还是吓到了她，虽然她竭力假装平静。接下来她偷偷打电话给好朋友商量该怎么办。她听从朋友的建议，去私人堕胎机构，却在门口遇到举着反对堕胎牌子的同班同学，同学对她嚷着：想想看吧，你的孩子在肚子里可能都长出指甲了！

　　于是她放弃了，转而想把孩子生下来送人。她在报纸上找好了收养人，于是在晚上郑重地跟父母商议这件事。

　　大吃一惊的父亲和继母在震惊之余，还是平静地决定尊重朱诺的意见，并且互相分工给朱诺提供帮助：爸爸去陪朱诺见未来孩子的收养夫妇；继母帮朱诺准备孕妇检查和生产。父亲给朱诺来了个谈心，告诉她什么是真爱。

收养人马克和瓦内萨·劳瑞夫妇生活在市郊，家境颇为富裕，非常渴望能够收养朱诺的孩子。

接下来的十月怀胎过程里，发生了许多事情：朱诺去检查，遭遇医生的歧视，继母义无反顾地保护她；朱诺常常突然拜访收养人马克和瓦内萨·劳瑞夫妇的家，却发现看似美好的田园生活深藏裂痕；肚子里孩子的爸爸保利，朱诺对其不满继而发生争吵，关系降至谷底。

秋天过去、冬天来临，朱诺临产的日子也在一天天逼近。然而正在这个时候，收养父母马克和瓦内萨俩人突然决定离婚。这对于朱诺可是个大意外。成长的阵痛敲打着她。

朱诺能够做的，似乎只有从正常的青春期焦虑中提炼出毫无惧意的智慧，她决定正确去面对自己的问题，让一个年轻人的生气勃勃扫清一切阴霾。她思考良久，决定生下孩子，她经过考察认为瓦内萨会是个很好的母亲。于是留下字条给瓦内萨：你能坚持，我就能！

朱诺的孩子降生了，保利来到产房，轻轻地抱着朱诺，两人一起留下泪水。孩子被瓦内萨抱起。

几个月后，阳光灿烂，青春依旧，朱诺背起吉他骑着单车去找保利，树荫下，他们轻声唱起歌。经历洗礼，成长还在继续。他们重新找到那片属于自己的成长净土。

○ 我的观影笔记

朱诺的故事在当今社会，已经不是那么让人吃惊的事了。性观念的日益开放、物质世界的渐趋丰富、早熟的无所事事的孩子……未成年人未婚先孕的事件，无论在国内还是国外，成比例地呈上升趋势已是不争的事实。

就在今年4月，香港屯门一高中女生在寓所生下一男婴，她以毛巾包裹婴儿放入袋中，带到一间时租酒店与同龄男友见面商议对策。救护员到达现场时发现初生男婴已经昏迷，后送院抢救后不治身亡。5月，杭州一位外来工二代——14岁女学生突然在学校厕所生下一名男婴，原来该女生于去年曾遭一陌生男子侵犯，因害怕而未告诉任何人。

　　这些尚未成年的孩子，对自己的行为无法做出理智的判断，出了事以后，也羞于向师长求助。很多人抱着"想瞒多就是多久"的态度，再加上很多家长并没有对适龄孩子做好性教育工作，没有向他们传授正确的性知识和价值观。甚至有一些粗心的家长根本没有发现孩子身体的变化！

　　在国内，性一直是禁忌话题。即使在今天，尽管性知识的日渐普及、性观念的日渐开放，但许多人尤其是老一辈人，在固有的观念里，仍然视性为不体面或肮脏的事情而拒绝讨论。因此，年轻人和父母的性观念往往差别很大。

　　如今，由于生活环境和饮食结构的变化，再加上各种食品中添加剂等的毒副作用，男孩女孩生理上的性成熟年龄往往提前，前阵子竟然出现了"性早熟"婴儿事件；而在性心理上，孩子们通过大众传媒和影视作品，可以很容易便接触和了解性，而国外开放的性观念，也对我国孩子的心理成熟起到很大的影响。传媒时代特别是网络的到来是面双刃剑，很多不良媒体滥用其导向作用，只为吸引收视率、点击率，不惜大炒特炒负面新闻，甚至伪造事实，这伤害最大的，就是那些分辨力尚不强的成长过程中的孩子。

　　在这种情况下，越来越多的中国青少年发生了婚前无防范措施的性行为。因此，意外怀孕和堕胎的数量以及性病、艾滋病等传染情况也随之成比例增长。与之相反，性教育的推广却严重滞后，第一本性教育教科书只是在最近几

朱诺去私人诊所打胎，碰见了在诊所外面反对堕胎的同学，于是放弃了打胎的念头。

年才出版并在学校发行。在我国，据2008年统计估算，年龄介于15岁到24岁之间的人超过2.4亿，每年都有2000多万人进入青春期。这是个巨大的数字，如何满足他们对于性知识的需求，是摆在我们教育工作者面前的重大问题。

许多女孩在遭遇意外怀孕时，往往会采取堕胎的方法。在有些医院，高达40%的堕胎手术都是针对未婚妈妈施行的。根据我国的法律，19岁以下少女堕胎之前须得到父母或监护人的许可。而许多怀孕少女因担心父母的反应，选择向家长隐瞒事实，到较隐蔽的小诊所和不正规的医疗机构堕胎。不卫生的医疗环境和不完备的医疗设备，很可能置少女的生命于危险之中，且术后产生并发症和感染的几率相当高，甚至有可能造成终生不孕。这些生理上的伤害或可平复或治疗，但心理上的创伤，要多久才能恢复呢？

青春期的教育如此棘手，大概是因为孩子们一边尚在懵懂浪漫的童话里流连，而另一脚却已然迈入神秘斑斓的成人世界。他们做出成年人的事情，却没有解决和负责的能力。家长，是离孩子生活最近的人，是孩子发生问题后需要求助的第一人。在这个方面，家长的责任无可推卸。

无论如何，孩子始终最需要你！

○课堂反思

一、孩子迷失的"缺口"在哪里？

谈到未成年孩子早恋、未婚先孕的问题，我们不妨深入思考下，孩子迷失的根源究竟是什么？

现如今，孩子们的生活环境比之父母来说是太优越了。他们生活在物质极大丰富、知识爆炸似增长、信息传播极其快捷的时代，但是，正因为物质世界的眼花缭乱，蒙蔽了他们对素朴的内心世界的追求；正因为一切都如上了高速路般的快节奏，使他们没有时间品味生活的真谛、探索事物的本质；也正因为铺天盖地、随手而得的信息摄入，使他们无法分辨真假，也体会不到辛勤追索的快乐。

他们衣食无忧，精神世界却迷茫而空虚。他们追逐潮流、时尚，却往往真正失去了个性。再加上个体家庭情况的不同和复杂，他们普遍失去安全感，没有倾诉的对象，一些孩子因此变得自私、急躁、愤世嫉俗。于是一些被社会上的小混混团体吸收，成为不良少年；一些看似平静，却走进了自闭的个人世界，永远关上自己的心门；而一些则寄托于青涩的爱情，直至偷尝禁果。正如影片中继母所说："我认为小孩太无所事事就会发生性行为，我觉得朱诺对这种事情没有控制力。"

目前，中国有不满18周岁的未成年人3.67亿。但是，由于不良文化信息的渗透和腐蚀、不健康生活方式和丑恶社会现象的影响，也由于学校、家庭教育的一些失误，青少年问题正成为严重的社会问题。

在我所教的班级里，也有一些情况较为突出的学生，他们不同程度地因为缺乏家庭的关爱，而在学校表现出比较特殊的行为特征：

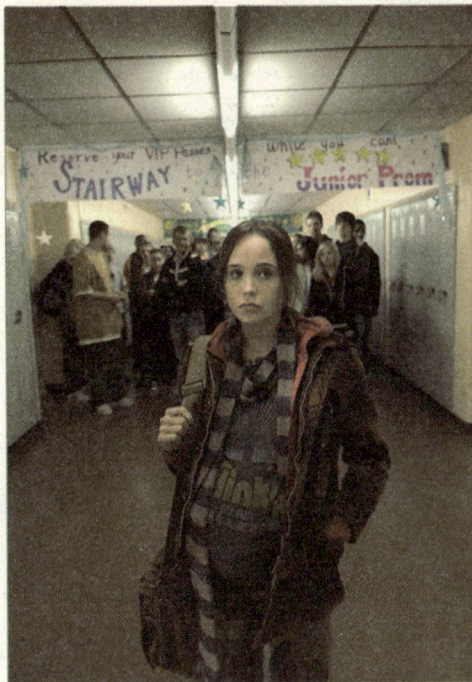
未成年孩子早恋、未婚先孕现象，需要我们思考，孩子迷失的根源究竟是什么？

学生A

男生，班里学习成绩倒数。据我了解，他的父母离异，他被判给父亲，但父亲是一位公交车司机，早出晚归，没有时间照管和教育孩子，家长会也不来参加。他在学校的表现是：

不学习，上课睡觉或者跟同学聊天打发时间。

心地比较善良，对老师比较友善，特别是对女老师，喜欢偶尔找女老师聊几句。

和以下几位学生关系不错，渐渐被拉拢到以这几位学生为首的"小集团"。

学生B

男生，父母离异，他被判给父亲，父亲是一位花花公子，经常更换女友。他在学校的表现是：

很招女孩子喜欢，常在课间和同学年女孩子在一起打闹，以追女生为乐。

在课堂甚至考场上，当众跟老师顶撞。据他说这样感觉很酷。

从起初的聪明、有一定的求知欲，到逐渐放弃学业、只为混张毕业证书。老师反复说教也不起作用。

学生C

女生，爆炸头，烟熏妆，年级里的酷女郎。家庭是低保户，父母有一方是轻微残疾，但经常看到她父亲带着粗粗的金首饰。她在学校的表现是：

不学习，上课除了聊天就是照镜子整理妆容，以公然挑衅教师为乐。

经常和B混在一起，偶尔和低年级学生打架。有一次，她欺负了低年级的男生，对方家长找来，她竟然也把父亲叫来。父亲带上一些帮手，把学校大门围上，放出话来：谁敢动我家闺女，我拼老命！

学生D

女生，体育特长生，像个男孩子。她在学校的表现是：

和班上男生关系很好，联手欺负前排的女生，往他们身上贴条子。

完全不学习。有一次我找她谈心，她说："学习没用，我马上就要进体校了。他们说了，跑得好、得名次就给钱！"我问"他们"是谁？她说："父母，教练。"

学生E

男生，聪明，记忆力好。父亲是房地产商，亿万富翁。他的表现是：

能够很快回答出老师课上重复的知识点。刚念初一的时候比较配合老师的计划，跟着学习的步骤走。而现在厌学，总和班上的几个问题学生混在一起，和女同学谈恋爱。

经常欺负同学。一次在欺负同学之后，主任老师要求他在班级里向同学道歉。他爸爸立即跑来学校，当众对班主任说："我儿子永远不道歉。我不会让我儿子在上学期间作检讨的。"还有一次，他上课玩手机被老师没收，隔了10分钟，爸爸便来学校要手机。上课再次玩手机被任课老师抓到时，他当即对老师说："收吧，我不要了！"说完把教室门一关，扬长而去。

这是几位在学校初中三年级里表现突出的学生，他们是年级和班级里的"风云人物"。与老师顶撞、在班级很招摇。他们大部分放弃学习，在班级里哗众取宠，喜欢挑衅找事。上课或者睡觉，或者跟同学聊天，有的欺负同学，没有学习和人生目标。学生A起初厌学现象并不严重，但渐渐地被坐在附近的C影响，C常上课找A聊天。

A是个缺乏家庭关爱的孩子，我曾经和他聊天，他说已经很久没见过妈妈，爸爸不让见。也很久没有和爸爸沟通过。早出晚归的爸爸只是把每天的生活费放在桌子上。他感觉不到家庭的温暖。在学校里，愿意和他一齐玩耍的同学才让他感受到关怀。B的情况其实和A一样，同样是不健全的家庭和不尽责的父母完完全全地把孩子放到一个荒芜的岛上，任其一颗缺爱的心灵肆意自由发展。B的父亲拈花惹草的行为直接影响了孩子，B也有追女孩子的行为，并且以此为荣，在伙伴里炫耀。

C和E属于被家长保护过度的孩子，所以培养出了孩子的娇纵和任性。这种任性甚至超出了正常的是非观。孩子的化妆、欺负同学等不恰当行为得不到家长的批评和制止，取而代之的是孩子一点委屈都不能受。不管孩子本身行为的对错，一切以孩子的高兴与否为基准。并且为了保护孩子什么都干得出来，跟老师撒谎、顶牛。结果孩子也变得对老师的教育极不配合，甚至对着干。这样教育下的孩子，我们可以想象他们可怕的未来。

学生D是被家长金钱至上的价值观灌输的孩子，所以，她也没有正常的是非观。欺负过同学，在被老师教育的时候也没有表现出任何的愧疚。只是觉得好玩，她认为反正学习没意思，没什么用。

几个看起来聪明伶俐的孩子，正是学习知识的年华，却在家庭的深深影响下，过早地失掉了知识和学习带来的乐趣，在没有正确价值观指引下，行为习惯得不到纠正。变得没有目的、没有控制。他们没有为之奋斗的人生目标。

当学校老师对他们的要求与家长发生矛盾的时候，孩子们的价值准则也遭到质疑。他们会在这种摇摆里钻孔子，放任自己，最后迷失。

我想，社会、家长、学校三方中一方的缺失和失误，都会导致处于成长中的孩子们的迷途和失足。当今社会，整体道德责任感的下滑、媒体的浮躁和不负责任、网络的缺乏管理，致使价值观、是非感正在形成的孩子们一股脑儿将所有信息收入脑中，导致盲从和模仿。这就需要作为家长的你，做一些关键的、有效地指引。也需要作为教师的我们，在做德育工作的时候，积极适时地教育和引导。家庭中缺少关爱，教室里缺少温暖，都会导致一个心灵的失衡。

建议：

(1) 来自家庭的风险。

一些家庭因素会造成未成年人的迷失。例如：经济状况和家庭结构不稳定、姐妹在未成年时期怀孕、与父母缺乏沟通等，都会成为未成年人怀孕的诱因。

(2) 客观冷静地看待孩子的"突发状况"。

作为家长，要客观地看待孩子以及孩子身上发生的事情。一味地袒护，并不能保护孩子真正健康地成长，反而是纵容了他们的坏习惯。我碰上过这样的家长，学生在学校有了偷窃行为，为了袒护孩子，也为了自己的面子，他们甚至帮孩子圆场、抵赖。这样做看似能平息一场风波，使孩子免遭惩罚，但在心灵上却永远伤害了孩子。他会因此失去诚实的品质，总是逃避承担责任。

(3) 让孩子的生活充实起来。

让孩子们的生活变成不再只充斥着作业和补习班，经常带他们到外面去体会多姿多彩的大千世界。鼓励他尝试自己的爱好，让他成为有所追求的孩子。因为这些兴趣和爱好会丰富他的生活，滋养他的心灵。孩子在某些领域有所关注和投入后，就会增强目标和方向感，从而走出一时的心理困境。

忌讳：

(1) 过早地放任孩子的行为，不管不问。

(2) 孩子出了事情，对孩子说刺激的话，让孩子情绪更加激动，从而做出极端的行为。

(3) 孩子感受不到你身为家长的温暖力量，孤立无援。

二、面对孩子的"问题"，父母的立场很重要。

1.聆听孩子的意见。

　　如果孩子陷入了困境，请先听听孩子的想法，尊重他们的意见。不要以自己先入为主的概念和固有的看法来禁锢自己敞开的心扉，不妨坐下来一起来讨论问题的利弊和解决方法，或许这并非是一件"坏事"，而是他们成长的一个机会。他为此而思考的过程就是理解生活意义、承担责任的过程。让我们看看电影中朱诺的家长是怎么做的：

　　　（朱诺对父母表示要生下孩子，并且送给没有孩子的家庭领养。）

　　　继母：这是一件非常非常痛苦的事情，它超出了你现在的理解范围。你有没有想过其他的选择？

　　　朱诺：没有。

　　　继母：你真有胆量。首先，我要让你更健康，你要吃孕妇维他命。我们还要替你约一个医生，以便让你知道什么时候会生产。

　　　父亲：我会和你一起去见那对收养孩子的夫妇，你还是一个孩子，我不想你被渴望孩子的疯子给蒙了。我以前一直以为你是懂得自律的女孩。

　　在这里，父母没有一味地谴责，而是尽力帮助她走出困境。母亲为她的生产积极准备着，父亲则带着朱诺去郊区愿意收养孩子的夫妻家中，面对律师和收养夫妻，父亲让朱诺自己去发言，对于收养的种种手续和事项，父亲讲出自己的想法和意愿、陪伴左右却不是代替她处理。

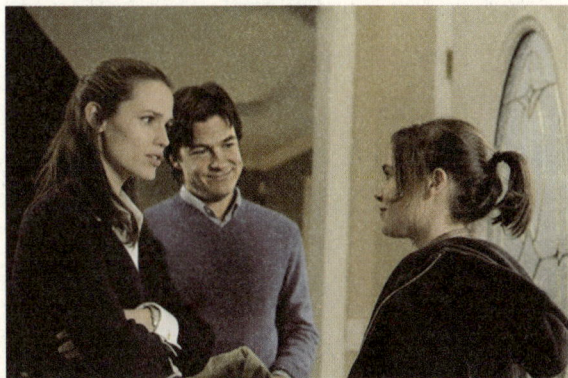

朱诺为肚子里的孩子找到了适合的养父母。

朱诺父母的理解让我羡慕不已，家人之间不存在什么所谓的代沟和隔阂，16岁的孩子有自己的话语权。在和马克夫妇交涉的时候，朱诺的父亲很礼貌地听着，让朱诺来当主角去面对她自己的选择。同样的情况如果发生在国内的话，很多父母首先会对孩子进行道德上的谴责，让孩子感到羞耻和难堪，然后再为孩子做决定。他们认为这样做理所当然，其实这样做会打击孩子的自尊心，还会导致孩子对父母的依赖。

建议：

(1) 家长要真正做到客观、冷静。

虽然作为家长可能会比孩子更为着急、更为担心，但还是要尽量客观冷静地帮助孩子面对突发事件，就像朱诺的父母做的那样，这样才能给予孩子正确和适当的指引。如果家长都乱了阵脚，那孩子怎么办？

(2) 给孩子真正的成长机会。

听一听孩子的决定，看看他们是怎么想的，他们的解决方法是什么。在成长的路上，不可能一帆风顺，也不可能不犯错误，关键是认识到错误并勇于承担、重新开始。

从一件事上，无论大事小事，好事坏事，让孩子在成长期间得到领悟和思考，这是最重要的。这才是真正的成长。

忌讳：

(1) 所有的"残局"由家长来收拾。

(2) 把孩子隔离起来。

(3) 对孩子继续不管不问，放任自流。

2. 对孩子尊严的保护。

电影里朱诺的继母说，无论如何，还是感谢上帝的这份馈赠。

继母在B超室里跟护士争执以捍卫"出轨犯错"的女儿。或许在中国人的眼里，一个母亲在这样的时候，应该为自己的女儿感到羞愧，应该和别人一起指责自己的女儿，但是朱诺的继母没有，她对护士说，"你怎么知道我的女儿就不会是一个好母亲。做好你自己的事情就可以了。"

目前，国内一些医院成立了意外怀孕救助中心，而每天打进来的咨询电话有相当一部分来自未成年人的朋友或同学："喂，我的一位同学意外怀孕了，她不敢告诉父母和老师，我们很着急……"是啊，作为当事人，往往内心藏匿着深深的恐惧。面对意外怀孕，她们的内心大多像纸一样脆弱，从而不敢面对现实，惊慌失措，丧失理性的选择。就算是朱诺，这个平时表现得很有个性的酷女郎，这个时候也是脆弱的。假如这个时候，家长把他们丢弃一边，不管不顾。这很可能致使孩子自暴自弃，毁掉一生。帮他们抵挡外界的恶意评论，能让他们得到安慰和温暖。

朱诺知道自己怀孕后，从想打掉孩子到决定生下来，把他送给一个有资格收养他的女人那里。朱诺的男朋友没有逃避，而是勇敢地面对所发生的事情。这就是责任，是尊严，是成长，是成熟女人和男人才有的担当。

所以，朱诺的生活最终回到正轨，青春依然纯净。成长在继续，生活也仍在继续。

建议：

(1) 及时发现孩子的问题，并在解决问题过程中陪伴、保护。

如前面我所提到的，注意观察孩子一些细小的变化——为什么他们越来越晚回家？为什么他们的行踪神神秘秘？为什么他们突然需要一笔钱？这些变化很可能暗示着什么。

问题发生之后，孩子的心灵最茫然、最无助。试想，在自己还是孩子，还没有完全搞清楚性的情况下，怎能独自面对另一个生命到来的现实？

没有一个父母不爱孩子，在他最需要你的时候，陪在他们身边吧！

(2) 尽量帮助孩子把身体、心理的伤害减少到最小。

孩子的经验等于零，他们闯祸的原因在于无知。作为家长，沉浸在低沉的情绪里不如给孩子提供实际有效的帮助，无论如何，解决好眼前的问题是最重要的。家长们一定要适时给他们力量，告诉他们生活依然如故，他们依然是你们深爱的小家伙。

忌讳：

(1) 尽情地让他们接受道德的谴责，不能尝试理解他们并找出犯错的根源。

(2) 因为觉得丢脸而嫌弃孩子，这样只会给他们的内心造成更深的伤害。

3. 适时教育，让他们不再迷失。

在青春期，孩子对待爱情的态度还很不成熟。一方面，他们渴望着清纯而美好的爱情，校园里牵牵手，打打kiss，在二人小世界里享受没有柴米油盐的甜蜜；一方面，他们对爱情充满着激情和幻想，总想突破界限偷尝禁果。他们沉醉于爱情的喜悦和别人羡慕的目光，却没有考虑后果。他们爱得火热，却从不谋划未来。

但是，青涩的爱情是人生必须体验的，也许当他们长大后的某天，回想起那段单纯的爱和校园生活，会不自觉地提起嘴角。也许当他们初为人父母之时，会为自己当年流掉的孩子伤心落泪。正如前述，不管怎样，任何形式的经历对他们来说都是一种成长，但是，这取决于作为父母的你如何适时地引导。

电影中，父亲真诚地和朱诺谈心，对朱诺说出自己对爱的理解：经历过泪水，懂得了即使相爱的人很难永远快乐地在一起，却终究可以寻找到可以接受一个最真实的你的人——不管你开心还是生气，美丽还是丑陋——爱你的人还是觉得太阳是从你的身上升起的。那才是你值得相守的人。父亲让朱诺明白什么是才是"真爱"。

朱诺继母在B超室里跟护士据理力争以捍卫女儿的尊严，但当怀孕的朱诺跑到领养夫妻那里，并在女主人不在家的时候，和男主人待了一下午之后，却及时批评朱诺：那是不应该的！你不应该随便拜访他们，马克是一个结了婚的男人，有些事情不可以越过界限。你对婚姻的张力一无所知。保护和批评界限分明，任何教育都要有原则。

虽然这对夫妻对朱诺的教育发生在"出事"后，但是对于16岁的朱诺来说，人生才刚刚开始，无论经历些什么，都是一种学习。对

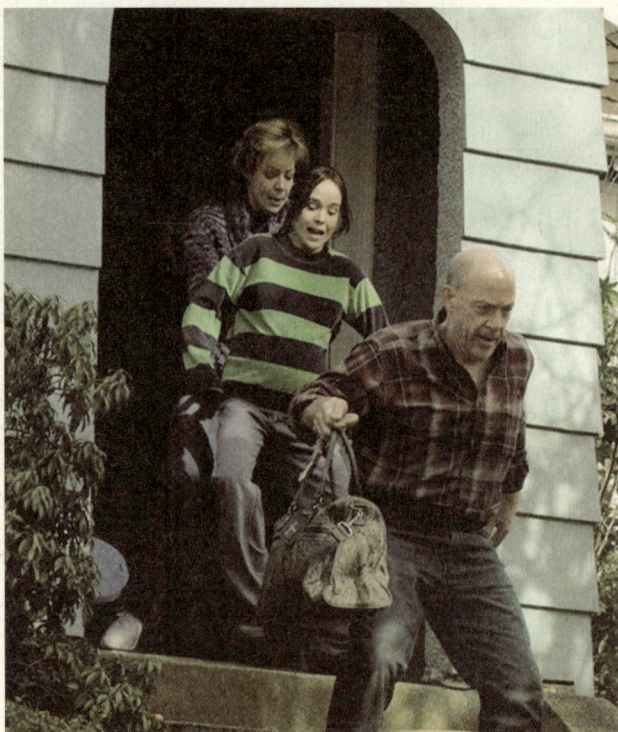

从始至终，朱诺的父母都积极帮助和引导朱诺，使她顺利度过这一艰难的成长阶段。

人生的学习，一切都还来得及。

同时家长还需认识到，教育的一个重大特性就是反复。孩子们总在你叮嘱过的事情上再次犯错，但我们只能不断提醒，别无他法。教育永远不是一劳永逸的事情，我们对待孩子的教育，要适时，要春风化雨。

建议：

(1) 适时引导最重要。

对于孩子出了一些"问题"后，埋怨不起任何作用。适时的引导才是最重要的。我们得对他或她来一次深入的谈心，到孩子的内心世界去看一看，找一找他们迷失的原因。然后才能对症下药。

你得想办法让孩子听进去你的"道理"。埋怨是他们不愿听的。

你得想想孩子们是不是对于你说教的老方法早已经免疫？那么我们换一个方法呢？一起出去走走，或者看一场励志的电影？

(2) 注意后续教育。

"问题"后的心理愈合与疗伤对于青春期孩子来说，是一段相当长的时间。很多时候，阴影会伴其一生。所以，解决好当前的麻烦不等于问题已经消除，怎样对孩子进行后续教育，对他们进行心灵安抚，正确引导，怎样让孩子回到正常生活轨道上来，这才是家长要正视和解决的大问题。

所以不能掉以轻心，如果以前疏忽了，那么这段时间请细致起来，从生活点滴里给孩子"补课"。

忌讳：

(1) 对孩子就此失望，丧失信心，认为孩子的前途从此黯淡。

(2) 从心里贬低孩子，把他们定性为某一类，认为他们给自己丢了人。

4. 心理保健很重要。

青春期是童年走向成年的过渡，是青少年社会化的重要时期，它的最主要标志是性发育和性成熟。孩子们要经历躯体和心理上的急剧变化，正是青少年最容易发生过失的阶段，因此应该对青少年加强性知识教育，帮助他们摆脱种种不健全的心理，从而稳定度过青春期。

另外，各种鱼龙混杂的信息对于接受能力强、而判定力差的孩子来说，很难从中筛选，加之学校和家庭的性教育又跟不上，使得性成为孩子间的神秘话题，成为教育中一个真空地带。

早孕问题，都会对青少年形成或显或隐的身体和心理伤害，对女孩子的伤害尤为严重。从生理方面来说，现实中不乏这样的案例：一些受害少女经常在一些黑诊所遭遇不成功的手术，严重影响了今后的生育，有些甚至为此付出了生命的代价。而人流如果不注意术后消炎和休息，会对尚未发育成熟的身体造成巨大的伤害。从心理方面来说，如果他们不能得到及时的帮助，极有可能导致心理变态，尤其是那些遭到性侵犯的女孩。而有的孩子会产生负罪感，不知道今后如何去生活，如何面对家长、老师和同学，严重者还会影响到今后的家庭生活，进而对感情、性产生恐惧。而有的孩子对怀孕、人流抱着无所谓的态度，认为现代社会，与异性发生性关系很正常，怀孕了也不怕，打掉就是。殊不知，这种玩乐感情和性的态度，是一种对人生极不负责的态度，在今后的生活里极有可能自尝苦果。所以，提前对孩子提供心理咨询、心理疏导和心理教育，都是很重要的。

苛责孩子是不负责任的表现，我们必须为他们重树自信，让他们正确对待性和意外怀孕，从而重新审视和爱惜自己。

建议：

(1) 多对孩子做心理疏导。

对困境里的孩子要多做心理疏导，多谈心。这时候的孩子容易钻牛角尖，也容易在心里留下阴影。犯了错误的孩子不等于打上了不良的烙印，要告诉他们，这只不过是漫长人生里的一个小事故，我们还是要迈过去，向前行。

开放的沟通是很重要的。很多孩子就是因为感觉到没有可以倾诉的对象，产生自闭，进而悲观、消极，从而发生极端的行为。

(2) 用多种方法普及健康性知识。

健康的性知识对青春期孩子来说很重要，我们家长应该对他们进行适龄知识普及。如今很多孩子获得性知识主要来源于网络或者其他媒体，有一些并非正确、健康，也会对孩子产生很大的误导。

如果羞于跟孩子谈与性相关的知识，家长可以给孩子买些相关的知识读物，让孩子自己去看去了解。这样既维护了孩子的自尊，又避免了尴尬。

忌讳：

(1) 谈"性"色变，把它定为禁忌话题，总是对此类话题躲躲闪闪。因为你越禁止他们去了解，就越会引起他们的兴趣。

（2）把孩子对"性"的好奇视为不正常，甚至肮脏的心理疾病。

三、欲望并不是坏事，成长是正道。

青春期孩子对爱、对性的憧憬与尝试，是人类的正常生理和心理需求。一个人的人生必定会经历这些，否则他的人生是不完整和不正常的。

但其消极方面的影响又是很大的。有很多人因年少时不正常的感情纠葛或性经历而留下了终生阴影，他们躲避感情和性生活，甚至丧失了爱的能力，更严重者甚至因此改变了性取向。一些感情和性经历会不会成为孩子成长道路上的心理羁绊？过早经历这些的孩子会不会影响正常、健康的感情观？

在适龄时期，我们应该和孩子一起来正视这些问题。我们不妨抛开传统思想的禁锢，将这些曾被认为是阴暗面的正常生理和心理需求拿出来公开讨论，躲避和禁忌都不是家长应有的态度。我们的目的是，帮助孩子了解、理解爱与性，平稳过渡青春期，健康自然地成长。让我们看看影片的两个情节：

片段一：

朱诺得知将要收养她孩子的夫妇凡妮莎和马克将要离婚的消息后，把车停泊在路边，哭泣良久，又重新顺着道路开下去。这个时候，大概她感觉到了责任，于是写了一张纸给凡妮莎——如果你能坚持，我就能。

片段二：

朱诺在医院中生下小宝宝，男友来轻轻躺在她身边拥抱她，她流下了眼泪。由于经历了这许多事情，实在不容易，他们也有了新的领悟和成长。

朱诺是自愿与小男友发生性行为的。看到她褪下小碎花内裤，赤脚走向还是处男的保利，我们就已知道了她的选择。后来知道自己怀孕了的朱诺，在非法堕胎机构的门口犹豫了，因为那毕竟是上帝赏赐的小生命，所以她做了一个决定——生下孩子。她很快就挑选到合意的领养人，解决了生育孩子的费用和以后的抚养问题。

片尾朱诺和保利在阳光下唱着清脆的歌。成长在继续，青春继续放光。

影片的最后，女孩穿着帅气的衬衫骑着帅气的赛车背着帅气的吉他去找男孩，暖暖的色调，阳光软软地洒在房子前面的台阶上，男孩女孩唱着清澈的歌，温柔地相吻。

经历过这一切的朱诺明白了爱的真谛，并且勇敢面对自己的感情。就像她爸爸的诙谐言语："你要找个爱人，他爱的是你这个人。你做什么他都觉得好，即使你放个屁也是香的。"

自己的孩子不幸怀孕了，家长确实痛心疾首，但是悔恨和打骂都无济于事，把孩子赶出家门只会逼她误入歧途。此时，家长和老师应该做的，是给予孩子心理上和经济上的支持，避免恶性事件的发生。

同时，也希望我们的社会越来越宽容，相关机构越来越健全。对医务人员来说，则应对前来求助的青少年抱有尊重、平等、不歧视、不评判的态度，这样才能让他们尽早回归正常生活，有地方、有对象倾诉自己的痛苦和困惑。我们还应该保护未婚先孕少女的受教权。很多女生在怀孕后被迫离校、自愿休学，大多是因为家长想要掩饰、不愿张扬，或学校认为有损校誉，进而希望学生转学。这样对孩子的心理伤害是巨大的。未能完成学业的孩子们，带着心理上的阴影，要用余生的幸福来替年轻的冲动买单，这样的代价未免太残忍！

无论如何，欲望是人的本性；而对于一个人来说，特别是青少年，成长才是正道！

建议：

(1) 把握好性教育的尺度。

青少年到了一定年龄，对性都会产生好奇。很多调查显示，大多数青少年的性知识来源都是网络、书刊、音像制品等，而并非通过师长。对家长来说，一方面，平时应该注意做好与孩子的沟通，使孩子有正确的性知识来源和良好的性心理基础。同时要向他们传播健康的性观念和行为。把保健和卫生作为重点。使性也成为一个可以言说的、健康的话题。父母本身也应该接受教育，学习性知识，掌握和子女进行积极性对话的方式，保持沟通渠道的畅通。

另一方面，一定要把握好尺度，避免孩子因产生好奇而跃跃欲试，也要避免让孩子以为家长对性问题的讨论是对自己涉水行为的鼓励和支持。

(2) 针对预防少女妊娠这一现象，我们要做到：

提前对适龄孩子端正对待性问题的正确态度，这是阻止青少年发生性冲动的第一道防线。

如果不能做到，就应该用好适宜的避孕措施，这也需要家长提前对孩子进行卫生和保健知识的普及。

如果发生无保护的性行为，应该做好事后补救——紧急避孕或催经止孕。

如果月经一直没来，就应该到医院检查，确诊是否怀孕。

如果确实怀孕，就应该到正规医院终止妊娠，而且越早越好。

忌讳：

(1) 只忙自己的工作，严重忽视孩子的生活，甚至觉察不到孩子的异常。

(2) 对孩子没有任何的性知识教育。

(3) 完全用道德来评判孩子，视孩子过早的性行为或早孕为耻辱。

○亲情贴士

少女最容易失身的几种可能：

1. 外出聚会、玩至通宵。

这种情况下失身的少女占很大一个比例。她们和朋友在娱乐场所玩通宵时喝醉了酒，或者喝了被动过手脚的饮料，在不清醒的状态下就失了身。

2. 早恋。

很多未婚先孕的少女中，学生占相当比例。她们往往受不良影视或网站的影响，或者在和男友的相处中，受别人蛊惑，偷尝禁果导致怀孕。

3. 受骗上当、遭遇暴力。

尚在读书、辍学在家、外出务工的未成年女孩是主要对象。她们大多被人用花言巧语诱骗到陌生环境，遭到性暴力。由于人生地不熟，或者害怕，她们往往不敢报案。

○ 课外资料库

在全世界范围内，每年有大约1400万名少女生育孩子，大约有440万名少女堕胎。

中国：

根据2001年《中国卫生年鉴》统计，中国每年实际的堕胎数大约是1000万，当中大约20%到30%是未婚少女堕胎。

2003年，重庆一12岁少女产下一婴儿，因无力抚养而将监护权转移给当地福利机构；2004年，上海南汇区人民法院审理了未婚成年爸爸向14岁少女妈妈追讨儿子抚养费的案件。

《中国日报》2009年披露敏感的堕胎数据，指中国每年有1300万宗堕胎，每年售出的堕胎丸有1000万颗，堕胎者以缺乏避孕常识的单身年轻女性居多。实际堕胎的人数要高出许多，因为统计的数据只限于正式注册的医疗机构。而许多堕胎手术是在没有正规登记的诊所进行的。

中国台湾：

台湾媒体报道，随着性观念逐渐开放，台湾青少年未婚怀孕的比率逐渐上升，根据统计，台湾19岁以下少女的生育率，已高居亚洲之冠。"励馨基金会"曾经举办"校园未成年怀孕少女研讨会"，研讨会公布了目前台湾地区未成年少女未婚怀孕的情形：青少年初次性行为的年龄层已下降到12岁至14岁间。每100个婴儿中，就有5个是未婚妈妈所生，其中最年轻的妈妈平均年龄只有12.3岁！

导致未成年怀孕的主因，初中生以"亲子关系不佳"最多，高中生方面则多是"缺乏社交技巧"。那么，未婚妈妈都是怎么处理怀孕的呢？仍然以堕胎占的比率最高，有48%的少女选择堕胎，其次是结婚生子，占28%。

台湾堕胎的情形有多严重呢？研讨会中举出一个案例：有一位24岁女孩，从16岁第一次堕胎开始，在8年之间共堕胎9次之多，不但造成心理严重创伤，她的子宫壁也因为堕胎而逐渐变薄，医生宣告她要再怀孕几乎是不可能的！

中国香港：

香港《文汇报》报道，电视剧《14岁妈妈》曾引起社会对未成年怀孕的关注，但现实中却有仅13岁的年轻妈妈已生下一子，如今15岁又再次怀孕，准备生下第二胎。香港社福机构针对元朗及天水围区未成年少女怀孕情况，提供辅导服务。该机构由去年9月成立至今，已接获35宗未成年怀孕个案，年轻妈妈的平均年龄只有16岁。

美国：

"伽麦切尔研究所"是专注美国社会性与健康的著名研究所。根据该研究所刚刚发布的报告，美国20岁以下的未成年少女怀孕率结束15年来逐年减少的趋势，首次出现反弹。这是该研究所2010年1月26日公布的一项调查结果。研究所称，平均每千名美国15岁至19岁的未成年少女中，怀孕者达到了71.5名，怀孕率高达7%。

与此同时，未成年少女流产的比例也有所提高。根据该研究所的统计，在2006年，美国20岁以下的未成年少女，每千人就有19.3人做过流产，这一数字比前一年升高了1%。

美国每年怀孕的未成年少女大约在75万人左右，其中四分之三是意外怀孕。选择生下孩子的未成年少女妈妈中，80%都会受到贫穷的困扰，大部分人不得不依靠福利救济生活。

英国：

英国未成年人生育率居欧洲首位。最年轻的父亲12岁，一位17岁的女孩已经是三个孩子的母亲，也有28岁就当上祖母的报道。

英国政府甚至耗资300多万英镑，进行防止未成年人怀孕的策略战，最后以失败告终。2001年英国未成年人怀孕数为38439，到了2002年上升到39286，差不多增加了1000名。以提供免费避孕工具和药物为主的为期三年的"防止未成年人怀孕策略战"看起来没有起到任何作用。

第九讲
不是每个成功，都有美好回忆 /
《一球成名》

◎片　　名：Goal
◎中文译名：一球成名
◎上映时间：2005年10月7日
◎出品国家：美国
◎类　　别：剧情/运动
◎导　　演：丹尼·加农 Danny Cannon
◎主　　演：库诺·贝克 Kuno Becker
　　　　　　斯蒂芬·迪 兰 Stephen Dillane
　　　　　　安娜·弗莱尔 Anna Friel
　　　　　　亚历桑德罗·尼沃拉 Alessandro Nivola

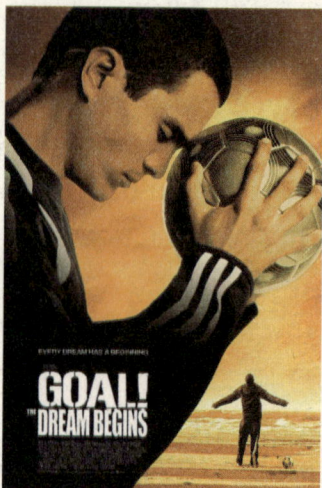

○ 剧情简介

　　圣地亚哥·穆内兹是个墨西哥男孩，幼年母亲弃家出走，只剩下他和爸爸、弟弟、奶奶相依为命。他非常喜欢踢足球，常常在乡间和同伴踢球引来声声喝彩，然而父亲却对他的这一爱好熟视无睹。

　　一天夜里，他被父亲唤醒，一家老小坐上一辆驶向美国的卡车，在穿越铁丝网时圣地亚哥遗失了心爱的足球。

　　十年后，圣地亚哥已经在美国洛杉矶成长为一个大男孩，他的生活除了在中餐馆打工之外，就是随着父亲的施工队到富门豪宅清理庭院。圣地亚哥依然痴迷足球，矫健的身姿经常出现在街边简陋的足球场。也只有在足球场上，他才能显现出真正的快乐。

　　由于经常参加当地的球队比赛，他被一位叫做格兰的英国人注意，这个英国人曾是一名球探，他注意到圣地亚哥是个有天赋的少年，深信他将来会成长为一名耀眼的球星。于是他约了相熟的球队经纪人去看圣地亚哥的比赛，却被对方爽约。

他再次联系到著名的纽卡斯尔这个他曾效力过的球队，为圣地亚哥争取到一试身手的机会。

圣地亚哥的英国之行却遇到了经济和父亲的双重阻碍。父亲是个务实的人，告诫圣地亚哥不要抱有不切实际的空想，并且把儿子打工攒下的钱偷拿过去买了开店用的车。失望之余的圣地亚哥却得到了奶奶的支持，奶奶变卖了自己的财物换取了他飞往英国的机票。

在英国球队并不顺利，他被老队员排挤，在雨中比赛又发挥不佳，同时又身因患有哮喘而必须依靠咽喉喷雾剂。他的一次次发挥失常，丧失了球队老板对他的信心，马上要被扫地出门。但幸运的是，格兰为他争取了一个月的受训机会，又在出租车中遇到了球队大牌球星凯文。凯文帮助他说情，而球队老板知道了圣地亚哥的哮喘病后，答应重新接纳圣地亚哥，并为他提供治疗。

在训练中，圣地亚哥的才能逐渐被老板认可，获得了一些比赛机会，但老板发现圣地亚哥不注意团队配合，他叫住圣地亚哥，告诉他足球比赛不是个人秀。

逐渐成为球队新秀的圣地亚哥在英超联赛的绿茵场上首发阵容上出现，并且在发任意球时凯文把球传给他。他的机会到了，一球直接进门。

这个来自墨西哥乡村的孩子走出了自己的精彩人生，他要面对的，是崭新的足球生涯和友谊、爱情，这一切还将继续考验着他。

○ 我的观影笔记

像世界上所有的男孩们一样，圣地亚哥有一个梦想，就是成为职业足球运动员。但是，身居洛杉矶贫民区的他，只是个墨西哥来的穷小子，没有绿卡，只能在中餐馆打打工，在街头极其业余的队里踢踢足球。职业足球运动员，对他来说仅仅是一个无法企及的梦。直到有一天，命运的大门向圣地亚哥招手，英国超级联赛的纽卡斯尔联队向他敞开了大门，他的天赋找到了施展的舞台。突然间，圣地亚哥成为可以与齐达内、贝克汉姆等人比肩的明星。

看似命运的眷顾，实际上这条路上圣地亚哥走得很辛苦。首先是爸爸阻止他，觉得他是痴心妄想，不相信他能够改变命运，甚至还偷走了他辛苦积攒下来打算去英国的钱。接着经济条件阻止了他，他没有钱买到英国的机票，即使奶奶卖掉财物换了机票，可他连买顿早餐的钱都没有。若不是球探格兰收留他，他甚至在英国待不了一天。后来终于到了球队俱乐部，他又因为紧张、哮喘病等发挥不佳而三次被辞退。

之后呢？职业球员的训练远比他想象的要艰难，然后他又遭遇绯闻、女友误会、队友伤退、父亲病逝等问题。一个又一个的问题接踵而来，任何一个都可能使圣地亚哥停下前进的脚步。

但同时又有很多人鼓励他、帮助他，伯乐格兰为了他跑到球队老板的宴会上求情，让他得到试训的机会；当他因为哮喘之疾，不得不离开球队，结束他足球梦想的时候，球队女护士鼓励说，每一个球员都会经历失败，这也是足球的一部分。

即使从来得不到父亲的支持，圣地亚哥在打工的间隙里，也从未放弃过足球。

因此，圣地亚哥选择了坚持，因为他坚信，一切都会改变，越变越好！

生活不会怜悯谁，一个人要得到多少考验才能通向成功？我们正在成长中的孩子们，需要历经多少考验、跨越多少围栏，才能完成蜕变？当我们的孩子遭遇生活的种种磨难，无数次想放弃梦想的时候，我们应该对他们说些什么？是像他的父亲那样对他说不，劝他放弃梦想，脚踏实地？还是像祖母那样无条件地支持。即使失败，但总要试一次？

○课堂反思

一、家长的教育方向对孩子的影响。

青春期，是孩子人生各方面的转型期，是梦想激扬澎湃、对人生跃跃欲试的时期。家长的教育方向对孩子的发展是至关重要的，一来家长作为孩子最亲近的人，本身的榜样作用就很大。二来，孩子还未成年，没有独立生活能力，特别是经济能力。对于孩子的愿望和梦想，家长支持与否都直接决定着他们的梦想是否找到生根发芽的土壤。

影片中，圣地亚哥的祖母与父亲代表着家长中出现的两种态度和声音，让我们先来回顾一下影片的片段吧：

　　片段一：

　　父亲：这世界上有两种人，一种是住花园洋房的人，一种是我们——给花园洋房剪草洗车的。

　　圣地亚哥：如果我成了职业球员，一切都可以改变。越变越好。

　　父亲：我知道怎么使一切变好，我们买一辆车，自己开个店，至于其他都是天方夜谭。

　　片段二：格兰找到圣地亚哥，告诉他纽卡斯尔联队会给他一个试训的机会。

　　父亲：你以为你可以去英国踢球？（对圣地亚哥）

　　你为什么要灌输他不切实际的想法？（对格兰）

　　还有你，做人要脚踏实地。不要老是做梦飘上天！（对圣地亚哥）

　　片段三：奶奶变卖了自己所有的财物，给圣地亚哥买了飞去伦敦的机票，并劝圣地亚哥在父亲回来之前离开。

　　奶奶：当你们的妈妈离开的时候，我发誓要尽我所能帮助你们实现心中的梦想，这是你应得的机会，好好把握。

梦想和现实到底哪个更重要？父亲和奶奶的分歧，使年轻的圣地亚哥很迷惑。他在每次失败和坎坷中总想起父亲的话：人应该认命。而在冲锋陷阵的时候，又想起祖母的无限鼓励。

如果圣地亚哥遵从父亲的教诲，他如今可以成为一个拥有自己店铺、可以自己揽活的小业主，和父亲一样承担起养家糊口的任务，在父亲死后继续抚养弟弟，赡养奶奶。只是，或许他连业余去街区踢踢比赛的时间都没有，足球只能是他永远无法实现的一个梦。这就是父亲口口声声的脚踏实地。当然面对现实、脚踏实地并没什么不好，至少它可以保障生活、稳步前进，这也是对待生活的一种诚恳态度。

祖母一直是圣地亚哥的支持者，她倾尽所有帮助圣地亚哥追寻他的梦想。

但是，圣地亚哥不是普通的男孩，他有着自己执著的爱好，并且一直在为之努力。他在为他的梦想积蓄力量，一直不放弃练习踢球技巧，尽可能参加每一场能够参加的比赛，这样才使识才的格兰发现他。他为自己的成功贮备了足够的力量。

这样的孩子，当面对摆在眼前的新机会的时候，父亲的固执就显得太过迂腐了。或许这与他的经历有关，毕竟他是一个遭受妻子抛弃，而后又忍辱负重，在妓院打扫半辈子卫生才有了房子、养活了自己一家人的辛苦谋生者。他自己的生活是靠着一点点的辛苦积累维持下来的，这就是他的眼界。

如不是祖母，影片到此就可以停止了，圣地亚哥不会遭遇后面的磨砺，也不会有后来的成就。就是这样一个年迈的老人，她相信自己的孙子，并且愿意用自己一生的积蓄鼓励孩子去试一试。没有谁保证可以成功，但她不想让圣地亚哥遗憾。

我们的家长们，你是否也遇到过孩子的类似问题？在没有胜算的考验里，我们选择继续支持孩子？还是劝他放弃？

成功不是从一开始就看得出来的，很多时候，就看我们有没有赌一把的勇气，重要的是，你舍不舍得放开孩子勇敢地去追寻。

建议：

(1) 了解孩子，才能更好地把握教育他的尺度。

只有了解，才能对症下药。片中圣地亚哥的父亲显然不怎么了解他的孩子。圣地亚哥经常说，父亲从来不看我踢球。

对孩子关注，知道他的喜好，才能在孩子需要的时候给出妥帖的建议。如同影片中祖母对于圣地亚哥的支持，她了解并认同孩子的天赋和兴趣，才愿意付出一切助孙子赌一把。

对孩子根本不了解，也不想去了解的家长，想当然地按照自己的思路给孩子设计前程，必然是纸上谈兵。如果你对他关注的领域一无所知，当然也并不能够提供适当的有效的意见。

(2) 能够宏观地看待孩子的阶段性表现。

很多成功人士并非从小就显露卓越的才华，大多数人在通往成功的道路上往往经历了巨大的挫折与磨难。所以作为家长，应该能够站在宏观的角度去评价孩子。

对待孩子成绩的起落，家长您要以客观的态度对待，不要因一时考试失利而在孩子面前情绪失控。如果孩子下一次因为害怕你的责骂而在考试中作弊，那可不是我们考试的目的。家长要看到，这些分数只是一个阶段学习的检验，与其过分纠结于分数，不如静下心和孩子谈谈，共同找出问题所在。

在令人不满意的成绩单面前，不要只是责罚他、贬损他。成绩代表过去，伤心和难过都没有用。和孩子进行一次谈心，让孩子评估一下自己的状况，是否用了全部力量？是否还有进步的空间，通过哪些方面的调整还能再提高？是否找到了适合自己的学习方法？如果能提高成绩，他愿意为此付出多少努力？

忌讳：

(1) 在不了解孩子意愿的情况下，直接权威性地否定他们的决定，拒绝提供支持。

(2) 在一些已经发生了的事情上纠缠不休，而不是对今后的改正和发展提出指导建议。

(3) 家长的态度太情绪化，很多情绪变化较大的家长，往往使孩子也变得暴躁，遇到考验的时候，心理承受力较弱。

(4) 经常埋怨孩子，打击孩子的自尊和自信，总说："你看人谁谁家的孩子，再看看你！你还能干什么？！""这么简单的考试才得这点分，真无用！""就你还想当艺术家？别做梦啦，赶快进屋学习去。"

二、益友的重要性。

在孩子向梦想奔跑的路上，益友是必不可少的。他们会在孩子遭受挫折的时候给予鼓舞和支持，他们能使孩子面对困难的时候爆发出异乎平常的力量。他们是孩子的助跑器、加速度。

益友等同于伯乐。他们最易发现作为父母的你还不曾发现的孩子身上的亮点，并且在适当的时候助力一把。影片中，格兰就是这样一位良师益友。作为球探的他，一直费尽全力为优秀的足球人才努力奔波。当格兰看到踢球的圣地亚哥时，便深信这个人日后会成为足坛巨星。于是格兰为圣地亚哥介绍足球经纪人，顶着尴尬联系曾将自己解雇的老板，再三恳求纽卡斯尔的领队给圣地亚哥提供一个面试的机会……当圣地亚哥第一次训练失误连连的时候，他甚至找到球队老板出席的高级宴会，不合时宜地加以劝说：

> 格兰：这个孩子，他唯一的出路就是他的球技。他为了我的话飞了6000英里。他还没有倒时差，还有些紧张，他从来没有在泥地里踢过球。你却直接把他扔在那个地方踢，自己从头到尾都在打手机。
>
> 老板：我看到从头到尾他都在摔跟头。
>
> 格兰：但也有一些精彩瞬间。他把球弹高、晃过麦克——
>
> 老板：我看到了。
>
> 格兰：待在这里不错是吧？我当球探的时候，大部分都在泥地里，看那些小伙子在泥地里拼抢。时不时会有一个震撼人心的瞬间出现。就像这个孩子。再给他一个月吧？

格兰在圣地亚哥在俱乐部表现糟糕的时候帮助他争取机会，并与他谈心，鼓励他。

除了格兰，圣地亚哥在片中还拥有其他朋友，比如一同试用、后来一起入预备队的吉米，还有大名鼎鼎的球星凯文。

凯文是一个亦正亦邪的角色，他先是在球队老板前为圣地亚哥说情，但随后又把圣地亚哥带到充斥着毒品和美女的声色场所，害他卷入绯闻。不过，友谊的作用就在于，遇到困难可以相互帮助，遇到歧路可以彼此提点。圣地亚哥是个淳朴善良的孩子，他意识到自己真正需要的是真诚的爱，因此不但抽身而出，还劝慰凯文。终于，在一场重要的比赛中，圣地亚哥不但一脚助攻使凯文进球，还制造了一个任意球机会，而凯文则把发球机会让给圣地亚哥。结果我们看到，他直接发球入门，一球成名。

在孩子成长的过程中，父母不能一直陪在身边，而朋友却可以相伴左右；父母的苦口婆心大多变成无意义的唠叨，而朋友的肺腑之言却更易入耳，因为他们平等、信任、共同成长。

建议：

(1) 鼓励孩子广交益友。

所谓"你能走多远，取决于你与谁同行"，如果孩子身边有品格优秀、能力卓著的人，家长要鼓励孩子与他们建立起友谊。孩子一旦得以与这样的朋友交往，身边也就有了标尺和榜样。这样，当他们处理问题时有度来衡量，当他们面对人生难题时有人提供帮助。孩子也会自然而然受其影响，自律其身。

孔子说过："益者三友，损者三友。友直，友谅，友多闻，益矣。友便辟，友善柔，友便佞，损矣。"意思是说，有三种有益的朋友，有三种有害的朋友。同正直的人、诚实的人、见多识广的人交朋友，是有益的。同阿谀奉承的人、当面恭维背后诽谤的人、花言巧语的人交朋友，这是有害的。"家长们不妨以之为标准。

(2) 不要太在乎孩子朋友的学习成绩和家庭条件。

朋友之间的友谊是在一次次共同的经历中建立的，是一种最诚挚的感情。学习成绩、家庭背景和道德品质没有什么直接的关系，因此家长不要据此限制孩子的择友范围，不要因此将纯洁健康的友谊蒙上功利的色彩。

(3) 鼓励孩子与人为善，让孩子学会分享，这样才能交到真正的朋友。

不要对孩子的爱没有节制，孩子要什么买什么，要什么给什么。一旦形成"小皇帝"的习惯，改掉就难了。

如果是独生子女，可以多让孩子同表兄弟姐妹多待些时间，多和同龄的同学、孩子一起学习、玩耍，以增加他们共度的时间。

带孩子多参加一些社会公益事务，培养孩子一颗柔软的感恩之心和坚强的责任心。

忌讳：

(1) 家长自身起不到好的表率，经常口若悬河地教导孩子，却总是逃避家庭责任和社会义务。

(2) 把功利的思想经常性地挂在嘴边，渗透给孩子，例如："现在的世道，没钱不行。""谁不喜欢钱啊，越多越好。""我去开一次家长会损失掉多少钱你知道吗？""你不要和这个同学做朋友，他家没什么背景，你要和条件好的一起玩。"

三、天分也需磨砺，风雨后才见虹。

即使天赋异禀，也需有所准备，有所积累。没有横空出世的天才，也没有一朝而就的功名。抛却勤劳的付出，成功不会轻易垂青。

我们来看看影片中的几个小伙子的奋斗经历吧：

圣地亚哥从小就怀揣足球的梦想，辛苦练球却无法踏上真正的赛场。后在格兰的帮助下，他得到的机会却经历了考验：一场比赛之前，圣地亚哥治哮喘病的喷雾被队友恶意踩碎，导致他的发挥糟糕极了，差点因此不能继续留在队中。圣地亚哥所在队维斯卡斯险

圣地亚哥和伙伴们经过刻苦的训练，终于迎来这光辉的时刻。

些败北，他不服输，自己来到球场默默练习射门，这被老板看在眼里。等他练习归来，等待他的，是进入预备队的好消息……后来一球成名的圣地亚哥，在球迷眼中可能是怀有满腹足球热情和无比精湛球技的明星，但他曾经历过的困难、他曾付出的汗水有谁知晓呢？

和圣地亚哥一同在预备队踢球的吉米，曾经同甘共苦，却在比赛中遭遇腿伤，从此不能站起来，足球梦想就此破灭。还有已经是球星的凯文，被一帮朋友拉着出入声色场所，照片又被他们卖给八卦小报，他因此声名狼藉，女友也离他而去，差点断送了前程。在圣地亚哥的感染下，凯文主动戒掉了不良习惯，并且在比赛中保持了良好的状态，连连射门。关于他的不良绯闻也不攻自破。

面对未来，他们经历过挫折，经历过迷惑和彷徨，有的甚至永远失去了实现梦想的机会，但最终他们都咬牙坚持下来了。正如球场上教练对圣地亚哥的鼓励："总有一天，你也会成功的。不过不是今天，加油！"

对于我们青春期急于求成的孩子们来说，每个人都有热血澎湃的梦想，但未必都能经受住现实的考验。成功前的黑暗是漫长的，我们的孩子是否做好了心理准备？

现在的孩子从小生活的环境都太优越了，他们很少受苦，稍微不如意时就会耍脾气。但社会的大熔炉可不会迁就和纵容任何人，待到孩子们真正自立了，要到社会上去历练的时候，他们就会发现困难重重。小王子小公主们会为了等待一个职位去排长队吗？会为实现理想而不顾严寒酷暑、天长日久地拼搏吗？会在任何艰难的情况下都能想办法生存下来吗？

我们必须让孩子学会思考：每一分每一秒，我都学到了什么？都为理想做出了怎样的努力？

其实，没有什么事是一帆风顺的，很多人成功恰是因为在别人都放弃的时候，他忍受了艰难险阻坚持了下来。能够坚持，才懂得珍惜，也才能磨炼坚强的意志，这对于做任何事都是很重要的。

坚持不一定成功，但放弃一定失败。

建议：

(1) 培养孩子的毅力。

娇气的孩子一定不肯吃苦，不肯忍让，遇到事情只想逃避。

鼓励孩子遇到困难不要避开，要能够树立起直面的勇气和必胜的信念。只要去做，就有胜利的可能。行动本身，就是胜利。家长可以鼓励孩子说出自己目前遇到的困难，帮助孩子积极面对，想对策，作计划，以培养孩子处变不惊、持之以恒的习惯。也可以带孩子多参加一些拓展训练或者户外、野外运动。这些训练能够让孩子学会吃苦和坚忍，磨炼意志，增强团队合作精神。

(2) 培养孩子的生活自理能力。

在学习之外，鼓励孩子做些力所能及的家务，并且养成做家务的好习惯。有不少孩子考上了大学，可妈妈还跟过去打理他们的生活。父母怎么能跟孩子一辈子呢？与其那样，不如从现在开始培养他们的自理能力，这样既能让他们更深刻地体味到父母的辛苦，同时也增进了彼此的理解。

例如，家长可以让孩子打扫自己房间，整理自己的生活用品，外出自己准备行李包。偶尔跟孩子上网研究研究新式菜肴的做法，一起做顿饭，激发孩子的劳动兴趣和热情。或规定一个清洁日，每周跟孩子一起把家里的上上下下做个大清扫，并成为家庭习惯。这样家长既找到了一个好帮手，又培养了孩子的劳动习惯和毅力，何乐不为呢？

(3) 利用好假期。

在漫长的假日里，除了写作业之外，还有很多可做的事情。完成一些有意义的事情，比如学习掌握一项技能、学习一门兴趣学科、研究调查一个关心的问题、来一次人文旅行等等。当然，也可以陪孩子一起看看励志影片，比如本片。

总之，告诉孩子，一切困难不到最后决不罢休，永不言弃。

忌讳：

(1) 见不得孩子遇到难题，抢着帮孩子解决，甚至代替写作业。

(2) 见不得孩子受一点苦，书包替孩子背上，衣服帮孩子拿着，孩子至今都不会独自出门。

(3) 找一些讨巧的"方便"帮孩子逃避任务。例如：为让孩子免上体育课，抓紧时间学习，一些家长找关系弄到医院证明或"免体"资格给学校。

○ 亲情贴士

1. 人一旦能够战胜自己，就是最大的成功。

格兰对圣地亚哥说："所有的人，包括我自己，都是自己在和自己比赛啊。"

2. 团队合作永远是成功的法宝，孩子们一定要懂得与人合作。

球队老板对圣地亚哥说："球队不是个人秀，要学会传球。球永远比人跑得快。"

3. 勤奋永远是天赋的助推器。

圣地亚哥获得第一个出赛机会就是因为不断地在球场练习，偶然被老板看在眼里。

4. 在任何环境里都需要一颗清醒的头脑。

凯文差一点被自己毁掉，因为陷入金钱、美女、嗑药的漩涡里。要重新站起来，拯救自己的，也只有他自己。

○ 课外资料库

这里我为家长们提供一些球星的成长经历：

罗纳尔多 (Ronaldo)

他是近20年巴西最伟大的前锋，三届世界足球先生，他保持着迄今为止世界杯总进球的纪录（15球），一生精彩进球无数，堪称世界球王。

罗纳尔多出生在巴西的贫民区，一小片空地上的三间简陋小屋就是他的家。住在这个什么都没有的破房子里时，罗纳尔多只有一只泰迪熊玩具相伴。四岁时，父亲送给他一个塑料足球作为圣诞礼物，自此，他便与足球形影不离。"我的童年在贫困中度过，但是我并不感到羞耻，"罗纳尔多多年以后说，"有了我的第一个足球，我和小伙伴们就可以出去自由自在地玩了。我们很快找到了玩的地方，而我则爱上了这项运动。"

四岁的罗纳尔多笨手笨脚，显得有点矮胖，两颗"兔牙"让他说话时总是模模糊糊。罗纳尔多白天大多数时间就在和其他孩子们在空地上踢球中度过。一开始，很少有人把球传给这个笨拙的小孩，罗纳尔多只好靠自己的努力把球从别人脚下抢过来。从这个时候起，他就开始体现出善用身体进行对抗的优势，也让他在以后的足球生涯里拥有了不可小视的力量。

很快，罗纳尔多就着了魔，一有工夫就往"球场"跑。他还和朋友们不时一起扒火车到里约著名的科帕卡瓦纳海滩上踢足球。海滩上经常有几百场"比赛"同时开踢，场面壮观。很长时间以来，里约的沙滩都是年轻球员的摇篮。在柔软的沙子上踢球要求人们必须很快学会如何在各种情况下控制球。在这里，年轻的罗纳尔多找到了磨炼技艺的最好方法。

1989年，年仅13岁的罗纳尔多被巴西国内的豪门俱乐部弗拉门戈队相中，不过由于当时罗纳尔多家中贫困无法支付学费不得不放弃足球理想。5个月之后，罗纳尔多加盟巴西的拉莫斯社会队，1990年，14岁的罗纳尔多以7500美元的价格加盟当时的巴西乙级球队克鲁塞罗队，开始了他走向国际级巨星的辉煌道路。

——摘编自温斯利·克拉克森《罗纳尔多！世界之王》

罗纳尔迪尼奥 (Ronaldinho)

他是巴西中场天才，人称"小罗纳尔多"，两届世界足球先生，夺得2002年世界杯冠军、一次欧冠冠军、两次西甲冠军。

罗纳尔迪尼奥当年曾经在健力宝队与格雷米奥青年队比赛的时候当过球童。已退役的中国职业足球运动员张效瑞在与记者闲聊时说，"有一次健力宝队与巴西格雷米奥青年队打教学比赛。在场边，健力宝队员看到了小罗纳尔多。我印象很深刻，那时小罗纳尔多坐在场边，看上去挺瘦，穿一双很破很脏的运动鞋，鞋子两边的网格破了很多洞，看那样子很可怜。"张效瑞说，"后来知道，那时小罗纳尔多刚进入一线队，但是还没打上比赛，在队里也是小弟弟。"在比赛过程中，小罗纳尔多还为张效瑞他们捡过皮球，当了一回"球童"。

1987年，小罗的父亲若昂突然因为心脏病发溺死在一个池塘中。那一年，小罗8岁，哥哥罗伯特16岁。"一夜之间，我们都不知道该怎么办，家里的顶梁柱没了，未来也看不见了。这时是哥哥骂醒了我，他说我有责任让家里的生活好起来。"

父亲死后，当时还在格雷米奥青年队效力的哥哥担负起抚养弟弟的重担。

渐渐地，小罗开始慢慢在球场上展现出过人的天赋，为了让弟弟能够把所有的精力集中在足球上面，哥哥毅然放弃了自己在职业足球上的前途。他知道，自己无论如何努力都不可能成为一个非常优秀的足球运动员，与其这样，还不如全心全意培养弟弟。

小罗没有辜负哥哥的一片苦心，十年磨一剑，他终于在格雷米奥队得到了自己足球生涯中的第一份职业球员合同。23岁那年，他成为巴萨的一员。短短几年，小罗完成了从一个青年队球员到豪门领袖的三级跳。

"在巴西，有很多天赋极高的年轻运动员，但是大多数最后都消逝了，即使那些最后成名的球员，也因为不注意保养而很快陨落。"

小罗的格言是：我不希望成为一颗流星，而要做一颗恒星。

——摘自中国经济网2010年07月06日报道

保罗·罗西（Paolo Rossi）

他是意大利足球史上最优秀的中锋之一。1982年西班牙世界杯，意大利队在决赛中出战西德队，夺得冠军。罗西获得最佳射手和最佳球员，包揽"金球奖"和"金靴奖"。

罗西生于佛罗伦萨附近的普拉托镇，他的父亲在当地一家纺织厂工作，是一位狂热的足球迷，每个星期天都要带罗西去看甲级队的比赛。正是在父亲的熏陶和影响下，罗西才投身于足球运动。当罗西还只有10岁时，父亲就送他进入家乡的阿波基纳儿童队，后来又把他推荐到维尔杜斯队，但小罗西并不走运，他体质瘦弱，在同伴的竞赛中经常踢不完一场球就得下来。他曾几次想参加佛罗伦萨的菲奥伦蒂纳队，但人家看不起他，每次都被拒之门外。小罗西一气之下，只身离开故乡，跑到都灵另找门路去了。当时他还不到15岁。

都灵是意大利的足球城，强队众多。正在扩充队伍、招募人才的尤文图斯俱乐部，看到他机灵、敏捷、技术很全面，特别有一股拼劲，觉得是个苗子，立即决定录取他，为罗西攀登足球高峰打开了大门。罗西的系统训练就是从这里开始的。

在都灵的4年，既是他求知上进的4年，也是多灾多难的4年。罗西在回忆这一段经历时深有感触地说："我踢得不错，俱乐部领导和教练对我很有信心，但成绩不稳定。这期间，我的膝盖受过三次伤，每次都不得不动手术，我还摔断了一只手，因此，我的大部分时间都是在医院或养伤中度过的。"

    1975年，18岁的罗西首次参加青年队的比赛，但表现令人失望，遭到不少人的非难，同伴们也指责他动作太"软"，不卖力。1976年夏季，不到19岁的罗西加入维琴察的拉内罗斯队，在这里他开始了飞黄腾达的新时期。

——摘编自《大地在我脚下——足球明星的故事》

第四辑

把梦想
送给他们

很多时候，

我们需要对自身进行漫长的寻找和发现，

每个人从出生起都带有不同于别人的"质"，

这是他（她）之所以成为他（她）

而非别人的根本，

这种"质"是他（她）以后生活的源泉。

尽管孩子可能不优秀，也要对他们抱以希望，

因为每个人都是与众不同的。

人生应该是快乐的，

所以要抓住每一天欢悦地生活。把梦想

还给孩子们，让他们的生活变得非凡起来。

让他们去实现自我，收获自我。

精选影片：
《死亡诗社》《美丽人生》《功夫熊猫》

拓展影片：
《三傻大闹宝莱坞》
《地球上的星星》《追梦赤子心》

第十讲
抓紧时间，让生命不同寻常 /《死亡诗社》

◎片　　名：Dead Poets Society
◎中文译名：死亡诗社
◎上映时间：1989年6月2日
◎出品国家：美国
◎类　　别：剧情
◎导　　演：彼得·威尔 Peter Weir
◎主　　演：罗宾·威廉姆斯 Robin Williams
　　　　　　伊桑·霍克 Ethan Hawke
　　　　　　罗伯特·肖恩·莱纳德
　　　　　　Robert Sean Leonard
　　　　　　乔西·查尔斯 Josh Charles

○ 剧情介绍

1959年，美国。

威尔顿预备学院是一个具有固定教育模式的传统学校，它素来以庄严而凝重的教学风格闻名于世，"传统，荣誉，纪律，优秀"是它的校训。在这样校训的指引下，学校教育出了许多能够考上名校的学生，但却忽略了学生自身的人格发展。一天，一位名叫基丁的新教师来到这里，学校里随即发生了一连串的事情。

约翰·基丁反传统的教育方法仿佛为凝重的学院吹来了一股清新的气息：在他的课堂上，他带头撕掉陈旧的课本，向学生介绍了许多新派且有思想的诗歌；他鼓励学生站在课桌上，用新的视角去观察周围的世界；他提倡自由发散式的思维哲学，反对条条框框对年轻人心灵的束缚；他倡导年轻人应该学会独立思考，拥有智慧和创新精神。这些和传统教育相异的教学理念和方法在学生中引起了巨大的反响。一些学生受他的影响，开始重新思考自身的价值，重新定位他们自己的人生。尤其是一位叫做托德的懦弱学生，在基丁老师的鼓励下，即兴喊出了超现实主义的诗句。

学生尼尔在学校图书馆里意外发现了一本记载着基丁简历的威尔顿年鉴，发现基丁老师曾是学院橄榄球队的队长，还参加过一个名叫"死亡诗社"的组织。在尼尔同学的倡导下，"死亡诗社"得以重建。几个新成员每天在约定的时间和地点朗诵别人和自己的诗，一起玩笑，抽烟，讲鬼故事。这是一个让轻快浪漫的梦想随青春飞扬的地方。在这一过程中，他们对生活、对自己都有了崭新的认识。他们不再压抑自己，找回了自信和活力。

处处唯父亲马首是瞻的尼尔发现自己的理想是成为戏剧演员而不是医生；诺克斯遵从内心的真实声音鼓起勇气向所爱的姑娘克丽丝表白感情；连一向对自己没有信心的托德也变得信心满满……

但是这一切被保守的校长诺兰看在眼里，怀恨在心。

尼尔在基丁老师的鼓励下，坚持参加学校话剧社的演出，因此与保守传统的父亲产生了争执。在被父亲威胁转学、实现理想无望的情况下，尼尔在演出后自杀身亡。而尼尔的父亲则把儿子的死归咎为基丁老师的"教唆"。

基丁最终被保守的学校辞退。当他离开教室的时候，震撼人心的一幕发生了：懦弱的托德率先站在桌子上冲他喊道："船长，我的船长！"随后，所有学生都站到桌子上，高声呼喊着。虽然基丁必须离开，但他追求自由、寻找真我、坚持梦想、勇于创造的声音却在学院里生根发芽……

○ 我的观影笔记

看这部片子的时候，我在内心不断地问着自己这样一个问题：面对一颗颗渴望热情、渴望梦想的年轻心灵，我是否拥有基丁老师那样的勇气。

在现实中，教师需要处理多方面的复杂关系——与学生、与家长、与同事、与领导等等。每一个学生都是独特的，面对庞大的班型（通常一个班级五六十人），教师们不仅要教授学生知识，还要一一关心生活，与家长们沟通，所以往往显得力不从心。而当代教育体制的某些弊端和禁锢往往束缚了教师创新的愿望，家长对孩子的过度溺爱则使教师也变得畏首畏尾起来。回想初做教师时的信誓旦旦，有几个人能保持当年的激情呢？"授业、解惑"做得好已是难得，更别提"传道"了。但影片中约翰·基丁老师，越过重重障碍，把孩子们看成最有希望的生命，认为教育不只是规范和趋同，激情和梦想是最重要的。他为其他教师指出了一条全新的教育思路和理念，为孩子们开启了自我追求的大门，也让所有观众看到教育的希望。

约翰·基丁老师点燃了孩子们的激情和梦想。

有经验的老师都知道：教师的关注和帮助，是孩子们前进的号角和持续发展的不竭动力。有一位教育家曾经说过："要对每一个孩子始终充满希望！"在实践中我发现，这是教育的一个至理。尽管孩子可能不优秀，尽管孩子还有令人懊恼的事，尽管孩子会在今天严肃庄重地答应改掉一个坏习惯而明天照样重犯，也要对他充满希望。希望是最好的教育，希望是最好的安慰，希望是最好的引导，希望是最好的规劝，希望是最好的沟通，希望是最好的鼓励。让孩子们的激情和梦想燃烧起来，为无限可能的将来去努力，这是我们教育孩子应该时刻铭记于心的。

基丁说："人生就应该是快乐的，要抓住每一天，孩子们。让你们的生活变得非凡起来。"愿意看这本书的父母都是好父母，因为你们在思考教育，并力图付诸实践。所以，从现在开始，一切还都来得及。

○课堂反思

片中尼尔的父亲是众多传统家长的代表，而基丁是新式教育的范例。由于本片的典型性和针对性，我特意将本版块分为两方面作为对比。

一、由尼尔事件我们看到的

故事的主角之一尼尔，一直在父权的领导下过着家长们期许的生活：好好学习，将来考上哈佛大学。他不能做自己想做的演员，对于父亲让他退出课外

想要做一名演员的尼尔，始终在父亲的逼迫下压抑自己真实的想法。

活动社团的命令，他不敢表达自己的坚持，他甚至不能当同学的面和父亲争辩。让我们回顾一下几个影片片段：

片段一：学校开幕式之后，尼尔父亲佩里告诫尼尔说："我和诺兰先生（校长）谈过了，我觉得你这个学期课外活动太多。我看你不要参与校史年鉴的事了。等你读完了医科大学，自立了，你想干什么就干什么！但在那之前，你得听我的。需要什么，尽管说！"

于是尼尔被迫放弃校史年鉴的工作。

片段二：当尼尔父亲得知尼尔参加戏剧活动之后，怒斥尼尔。

父亲："你浪费时间去演什么破戏！这已经够意思了！但你居然还敢故意欺骗我！你以为能逃脱得了？回答我，是不是那个新来的老师基丁教唆你干的？"

尼尔："不，没人教唆我，我只是想给你一个惊喜，我每门课都是A！"

父亲："我付出了很大牺牲才把你弄到这儿来！你不能让我失望！"

片段三：困惑和苦恼的尼尔找基丁诉说，寻求解决问题的办法，

尼尔："我们家不富裕，他（指父亲）想替我安排我的将来，但他从来不问我想要什么。他们会说他们就指望我了，说一切只是为了我！"

片段四：尼尔演戏结束后，基丁鼓励他说："你有这个天分，演得真好！我都看呆了，你一定要坚持！"

尼尔父亲告诫基丁："请你离我儿子远一点，别把事情越弄越糟！"

尼尔演完戏后回到家里，父亲责骂他："你为什么偏偏违背我们的意思！但不管什么原因，我不会让你毁了自己的一生！我们明天就让你从这个学校退学，上布莱登军校！你要上哈佛，你要成为一个医生！"

尼尔："我要告诉你我的感觉！"

父亲："什么感觉？"

尼尔沉默。当晚自杀！

在上面这几场尼尔与父亲针锋相对的场景中我们可以看到，尼尔在父亲面前一直是唯命是从、忍气吞声的，父亲的绝对权威和无可置疑的态度让他别无选择，直到临死前他也没有说出反对父亲的话语。正是父亲的强权，将尼尔一步步推向了死亡的深渊。父亲一直口口声声说："你拥有我从来没有梦想过的机会，你必须考上医学院、上哈佛。你是家族的希望！"却从未想过，自己的儿子也是一个有着独立思想的个体，是一个热情澎湃、在舞台上挥洒理想之光的年轻人。

尼尔的父亲犯了大部分父母都会犯的错：

1.想从孩子身上延伸自己的抱负，满足自己的成就感甚至虚荣心。

这也是我们不断要强调的一点。这恐怕是大多数家长不可避免的一个想法，很多家长也都是这么做的。他们由于时代、环境、家庭等等因素的作用和局限，在人生里留下了遗憾。等自己有了孩子，就把所有的希望寄托在他们身上，希望他们实现自己心中未竟的梦想，成为自己期望的人。

这就不可避免地走进这样一个误区：忽视了孩子的主体性。试问，孩子的人生是父母的，还是自己的?教育的目的是教导我们的下一代成为符合家长标准的人，还是引导他们成长为独一无二的个体呢？答案毋庸置疑是后者。

所以尼尔悲剧的隐患是早就埋下了，即使没有基丁的出现，在人生的旅途中，他也终会做出自己的选择。

建议：

(1) 尊重孩子的个体选择。

家长在心里一定要弄清楚这点：虽然孩子是自己带到世界上来的，是自己一手拉扯大的，但这并不代表着他们就必须绝对服从自己的意志。要知道，每一个孩子都是不可替代的、有自己独特需求的个体，而非帮助自己实现理想的工具。

孩子有选择自己人生的权利，我们在替他们安排未来的时候，一定要听一听他们的心声。

(2) 不要给孩子过重的压力。

压力，分有形和无形两种。像尼尔父亲这样对孩子施加的绝对权威，是属于有形的压力，这种重压会泯灭孩子的个性、消磨孩子的意志力，严重者会导致人格的缺失，以及因积怨、愤怒无法排遣而走上不归路。

而有的父母虽没有如此刚硬地执行自己的意志，却无时无刻不在给孩子一种心理暗示。他们对孩子的期望之高、用心之切，让孩子无法做出违背父母的选择。特别是家庭经济条件不是很好的家长，总是把一些自己对孩子的人生规划放在嘴边，把孩子认定为拯救家族命运的超人，动辄就说："全家就指望你了！"孩子背负着这样的压力，会沉重得喘不过气来，甚至不敢去想那独属自己的将来。

忌讳：

对孩子这样说："你的生命是我给的，就该听我的！""全家都指望你呢，家族的命运就靠你来改变了，你还不努力？"

2.无视教育的连贯性。

尼尔的父亲说：只要他上了医学院，自立了，随他想怎样就怎样。这句话恐怕对很多孩子都是很熟悉的。这种态度看似负责，其实上掩盖的是家长的某种自私心理及教育方法的缺失。持这种观点的人很多，以至于大家都忽略了考上大学前后两个阶段之间的明显断层。考上之前，一切要听我安排，你只管服从就是；考上之后，我的目标、我的期望实现了，剩下的路就是你自己的了。全然不顾这个断层孩子是否能够安然跃过，跃过之后是否受了很重的伤。

很多父母要的只是个结果，对他们来讲，过程并不重要。而实际上呢？一些孩子到了大学，什么都不会做，连基本的生活都不能自理。有的带着妈妈上学，有的干脆休学。一些孩子在他们最需要人帮助的时候，没人与他们谈心，没人为他们仔细规划将来的人生，孤独徘徊在人生的路口。另一些孩子则认为自己终于完成了任务，家长无权再加干涉，完全放任自己玩乐人生。在中学时代的高压管制到大学时代放任自流的两个极端之间，一贯依赖父母的孩子们失去了拐杖而迷茫无助、迷失自我，无法做出自己的选择，从而荒废了人生最宝贵的时光。

由此我们可以看到，这种教育方法是极不负责任的表现，它片面地强调了上大学的重要性，而没有后续的教育跟上。在前面的一讲中我也提到过，教育的连贯性是非常重要的。而且教育的原则和标准要前后一致，当然不排除阶段性的调整，但是教育的理念应该是贯穿始终的。相互矛盾的教育标准相当于没有标准。

让我们再回过头考虑一下，上大学是人生的唯一选择吗？学习文化课就一定比学艺术、学技能高高在上吗？答案是否定的，只是太多的家长和孩子被固有的观念和教育传统蒙蔽了双眼，而阻挡了更为适合孩子的人生道路。

建议：

(1) 教育要有总的原则和目标，又不能忽视阶段差异。

对待孩子和对待时务一样，要与时俱进。不同时期有不同目标、不同要求，量化要合理。但是总的理念保持一致，不能前后矛盾。

一个家庭要对孩子有一个总的教育理念，正如每个学校都有校训班规。这是家长进行教育的基调，决定着孩子的发展方向。应该从小就给孩子灌输长远的学习和成长思路，听取他的意见，逐渐改善和丰满。不应当只局限于当前的学习成绩，或者是"边走边看，看孩子发展到哪一步算哪一步"。

比如在初中阶段和高中阶段对孩子的要求，随着孩子年龄的增长应该是不同的，不应该只有中考和高考这样的标准。初中阶段是儿童向少年的转化期，更活泼和童真，高中阶段则是他们走向成熟的门槛，因此家长就应该结合他们的年龄特征实施不同的教育方法。有时候说教管用，有时候也可以有意设置一些场景让孩子感悟。很多家长只拿考试说事儿，所谓考试好了就可以什么都不限制。这等同于给孩子一个误区。张和弛应该是有度的。教育不是今天好了明天就可以不用了，这是一个连贯的、长期的工作。

(2) 教育是全面的。

教育包括智育、德育和美育。孩子要有基本的生活能力和基本的品德修养，不能只强调分数，而忽视掉对他品德修养、生活格调的培养。如今的家长被考试逼得只片面重视智育，却严重忽视对孩子的品德教育和生活能力的培养。很多孩子上大学了生活依旧不能自理，还要家长跟去陪读。这样的孩子只学会了书本知识，却无法应用到实际生活中去，或者利用知识做一些违法乱纪之事，这才是最失败的教育。

忌讳：

以功利的心态片面地强调孩子某方面的学习成绩，为孩子设定单一的目标，其他的不管不顾，经常说出这样的话："文化课考不好，其他的都是扯淡！""只要你考到……我什么都不管你，想干什么干什么。"

3. 幸福包涵当下与未来。

孩子考上好大学，将来谋得一份好职业，这是家长们普遍存有的愿望。

所以，家长们一面心疼地看着孩子挤压一切时间来学习，为考试起早贪黑，周末还要参加补习班，一面在接送孩子的路上乐此不疲。观念的定势及现实的压力，让很多家长深感无奈之余，只能放弃孩子眼前的幸福。

青春期孩子鲜活的生命和炽热的内心，正在真切地感受着世界和生活，他们也需要抒发情感、需要到广阔的世界中去拥抱生活。影片中，即使在以凝重的教育风格著称的威尔顿预备学院，孩子们私下里也在谈论着喜欢的女孩和第一次心动，也在"死亡诗社"里挥洒自己的青春热情。

不拘泥于传统教育方法的基丁老师在授课。

尼尔想演话剧，却被父亲一次次冷冰冰地否决。他用死来抗拒父亲：明天是渺茫的，如果连今天都过不好，明天怎么能到来呢？我想父亲最后也没能理解儿子，否则，他就不会去投诉并赶走基丁老师了。

思维的定势、死命的固执和不顾将来的短视，就这样摧毁了一个孩子的幸福甚至生命。"幸福，一生的幸福"，本该包涵此刻与未来，本该是一种可持续发展的幸福。仅仅寄希望于渺茫的明天，而无视当下幸福的重要性，它只会让生活变得畸形。且让我们回到电影，读一读影片引用的诗句：

我步入丛林，

因为我希望生活有意义，

我希望活得深刻。

吸取生命中所有的精华，

把非生命的一切都击溃，

以免当我生命终结，

我发现自己从没有活过。

——梭罗《瓦尔登湖》

建议：

(1) 允许孩子适当地放松。

学习也讲究劳逸结合。有的学生一直埋头苦学，却仍旧没有得到理想的成绩。学习最好的学生，未必把所有精力全部投入学习。有时候看到一些高中的孩子，已经白发斑斑。他们用脑过度，却还没有找到正确的学习方法。他们正在透支着自己的青春和健康，只为换来一纸文凭。

让孩子适当地放松一下吧，多让他们在学习之余和同学参加一些课外活动，听听音乐会，看看画展。这样的青春才更值得怀念吧？

(2) 支持孩子保留一些小嗜好。

很多孩子喜欢收集一些稀奇古怪的东西，喜欢鼓捣点发明创造，即使是喜欢收集废弃材料这样有碍家庭整洁的嗜好，也给他一个空间来保留。这是他自己隐秘的宝藏，是他灵感和创造力的源泉。所以，家长不妨试着尊重他们的这些"小毛病"。

(3) 孩子要清楚为何而努力。

青春期孩子，通常来说主要的任务就是校园里的学习，这成了他们生活里的主要内容。如果连为何而学都不知道，那么他们学习的意义又在哪里呢？所以，多了解了解自己的孩子，帮助他们选择自己的目标，这会使他们的学习和生活更有动力。

忌讳：

不顾孩子的身心现状，一味地进行填鸭式学习。这样对孩子说："什么时候学习成绩上来了再去玩！""学习还没搞好呢，搞别的乱七八糟的，不务正业！"

二、基丁老师的启发

让我们一同来回顾一下影片中基丁老师的教学理念和对学生的教育方式，有很多地方值得我们老师和家长深思。

片段一：基丁老师以创新的方式带领一群受传统约束的学生走出教室，用心感受世界，体会自己内心最深处的呼唤。

强调主体的自我感受，这是创作之源。

片段二：基丁老师让大家把书的扉页撕掉。

他以撕书这项举动来传达传统观念里以书为尊的教条，明确地表达出"尽信书不如无书"的道理。"尽信书"毁掉的可能是学生求知的心和创新的灵魂，基丁要孩子们抛却固有的观念，重新学习自我思考，学习欣赏字词和语言。他认为，言语和思想具有改变世界的伟力。

片段三：基丁让大家站上讲台，用不同的眼光来看待事物。

他说："一旦觉得自己懂得，就必须换一种角度来看。这可能显得有些荒唐，或者愚蠢，但必须试一下。同样，我们在读书的时候，不要只想作者怎么看，想想你自己怎么看。"

片段四：在午餐的时候，教师麦卡利斯特和基丁有一段这样的对话。

麦卡利斯特：你今天的课上得很有意思，虽然有些误导！你鼓励他们成为艺术家是很冒险的。等他们意识到他们不是伦勃朗、莎士比亚，或者莫扎特时，他们会因此恨你的。

基丁：不是让他们当艺术家，而是自由思想者！

麦卡利斯特：17岁的自由思想者？

基丁：奇怪，没想到你这么悲观！

麦卡利斯特：不是悲观，是现实！如果他们真能不满脑子胡思乱想，我也就不会悲观了！

基丁：只有在梦想中人才能真正地自由，从来如此，也将永远如此！

基丁告诉学生在定论之前，必须尝试以不同的方式和角度来看待事物；读书的时候，不要仅仅顾及作者的想法，还要考虑自己的感受。要抗争，要找到自己的声音。影片末尾虽然基丁老师在校方、家长的指责下离职，但他播下的思考自我、追求个性的种子已成功地深埋于学生的心中。

作为家长，基丁老师的一些做法很值得我们学习。我们教育孩子，目的并不是把他训练成循规蹈矩的木头人。这样一个崭新的生命，一个有着无限未来和可能性的生命，我们应该，也必须引导他们学会自我思考，学会质疑，学会

基丁走的那天，孩子们站在桌子上呼唤他：船长，我的船长！

找寻自己的感受，实现自己的价值。

建议：

(1) 引导孩子学会独立思考和表达，培养他们的批判精神。

经常性地询问一下孩子的感受，鼓励他说出来，并和他互相交流。

鼓励孩子写作，记录下生活中的点点滴滴和转瞬即逝的思想火花，如今的博客、空间、微博等就是一个很好的锻炼写作的方式。写作和阅读一样，是一个伴随终生的好习惯。

对于一段新闻、一篇文章、一种社会现象或热门事件，问问孩子对它们是如何看待的。家长们不妨鼓励孩子到图书馆、上网搜集相关信息，然后形成自己的看法。这样不仅能培养孩子搜集整合信息、全面看待问题的能力，还能帮助孩子独立思考，成为有主见的人。

鼓励孩子说"不"，并能够提出自己的见解，家长可以做相应引导或纠正。真理面前无长幼之分。

(2) 多鼓励孩子，给予他希望；多提醒孩子，使他健康成长。

希望可以成就一个人，可以赋予人们前进的动力直至实现理想。对于孩子，也是如此。

我曾有位初中的朋友，她曾因班里的一点小事而不想上学。很宠爱她、不愿看她受委屈的家人就答应了。后来她辍学在家，早早地结婚生子了。其实当时她的成绩还不错，人也非常聪明。后来她很后悔，更埋怨家人当时纵容了她。孩子的想法有时候比较武断，也比较幼稚，他们经常被眼前的一点小困难吓懵而打起退堂鼓。但我们家长可不能这样，我们应该多做提醒，跟孩子们说："这不是我心目当中你的水平，你肯定还能做得更好！""你的能力还远远不止这些，我会继续期待！"

忌讳：

被孩子指出了错误，为了面子不肯认错、服软，说类似的话："小孩子懂什么呀！""我吃的盐比你吃的饭都多，还来教训我？""老子还轮不着你来指责，翅膀硬了？！"

○ 亲情贴士

1. 尼尔演完戏后回到家里，父亲责骂他。尼尔说："我要告诉你我的感觉！"父亲问："什么感觉？"尼尔沉默不语，随后自杀。

尼尔之所以选择自杀，也不对父亲说出心里话，大概也是因为心里清楚自己会被拒绝。家长们，你们是否曾经也一句话就堵住了孩子想倾诉的嘴吗？

2. "我们读诗、写诗并不是因为它们好玩，而是因为我们是人类的一分子，而人类是充满激情的。没错，医学、法律、商业、工程，这些都是崇高的追求，足以支撑人的一生。但诗歌、美丽、浪漫、爱情，这些才是我们活着的意义。"

什么是生命的真谛？这是个应该让孩子早一点思考的问题。我们不能把他们塑造成只会考试的机器人之后，再猛然推向社会，就不管不问。让他们对自己的尚未开发的情商和未经磨砺的稚嫩埋单。

○ 课外资料库

影片中基丁老师的有很多挑战常规的做法，引发我们思索。下面是一些节选和总结。

基丁老师启示录：

1. 劝少年们保持激情、珍惜时光。

下面是片中基丁老师带领孩子们读的一些诗文：

《船长，我的船长》

啊，船长！我的船长！我们的艰苦航程已经终结／这只船渡过了一切风险，我们争取的胜利已经获得／港口在望，我听见钟声在响，人们都在欢呼，千万只眼都在望这只稳定的船，它显得威严而英武／但是，呵，心呀！心呀！心呀／呵，鲜红的血液长流；甲板上躺着我们的船长／倒下来了，冷了，死了……

《船长，我的船长》这是诗人惠特曼为悼念林肯而写下的著名诗篇。诗人运用了比喻和象征的手法，把美国比作一艘航船，把林肯总统比作船长，把维护国家的统一和废奴斗争比作一段艰险的航程。

《劝少年们珍惜时光》

及时采撷你的花蕾／旧时光一去不回／今天尚在微笑的花朵／明天变在风中枯萎。

来吧，我的朋友／寻找更新世界尚为时不晚／我决心已定，要驶过夕阳尽头／尽管我们不再有昔日的伟力，可以震天撼地／我们仍有着，同样的英雄的心／时间和命运，使它衰老／但坚强意志仍在／让我们去奋斗，去探索，去发现／永不屈服。

《劝少年们珍惜时光》作者丁尼生，英国19世纪著名诗人。他的诗作题材广泛、想象丰富、形式完美、辞藻绮丽、音调铿锵。其重要诗作有《悼念》、《尤利西斯》、《伊诺克·阿登》、《过沙洲》、《悼念集》等。

《瓦尔登湖》

我步入丛林／因为我希望生活得有意义／我希望活得深刻／吸取生命中所有的精华／把非生命的一切都击溃／以免当我生命终结／发现自己从没有活过。

《瓦尔登湖》作者梭罗，19世纪美国最具有世界影响力的作家、哲学家，1854年出版，150年来风行天下，不知出版了多少个版本。他强调亲近自然、学习自然、热爱自然，追求"简单些，再简单些"的质朴生活，提倡短暂人生因思想丰盈而臻于完美。

"抓紧时间，让生命不同寻常"，基丁经常这样对少年们说。基丁教孩子们学会思考，学会欣赏文学和语言，学会探求生命的精髓、活着的意义，并成为不平庸的人。

2.获得掌控自己语言的能力，用不同的眼光来看待事物。

基丁语摘：

> 语言的目的只有一个：交流。
>
> 站上讲台，用不同的眼光来看待事物。
>
> 一旦觉得自己懂得，就必须换一种角度来看。这可能显得有些荒唐，或者愚蠢，但必须试一下。同样，读书的时候，不要只想作者怎么看，想想你自己怎么看。
>
> 你们必须努力寻找自己的声音，因为你越迟开始寻找，找到的可能性就越小。
>
> 梭罗说"大多数人都生活在平静的绝望中"。别陷入这种境地，冲出来。别像老鼠逃跑似的，看看你的周围，要敢于开拓自己的天地。

基丁教会孩子们如何去创作，如何表达内心的感受。这种力量是任何知识不能够替代的。教育不仅仅是智育，更应该是教会孩子怎样做一个人，怎样驾驭以后的人生。

绘画、音乐、写作、甚至抽象的数字，这些都是不同领域的语言，和情绪有关。你只要掌握一种，就获得了一种疏通的渠道，就有了表达的可能性。并因此获得自身的解放和救赎。

3.把握当下的快乐，勇敢面对每一天。

基丁语摘：

> 对我来说，运动只是一种让其他人把我们推向极致的机会。
>
> 与逆境不屈抗争，以无畏的气势面对敌人。
>
> 做一个世界的水手，游遍所有的港口。
>
> 我要做生活的主宰，而不是奴隶。
>
> 走上绞刑台，面对行刑的枪口，我息安之如泰。
>
> 舞蹈、鼓掌、兴奋、欢叫、跳跃、飘飘荡荡、滚滚向前

哦，让生活从此变成一首欢乐的诗。

做一个真正的上帝！

生命是一个过程，当下的幸福和未来的幸福同等重要。

4.坚持自我，不从俗，不盲目。

《未选择的路》

黄色的树林里分出两条路/可惜我不能同时去涉足/我在那路口久久伫立/我向着一条路极目望去/直到它消失在丛林深处/但我却选择了另外一条路/它荒草萋萋，十分幽寂/显得更诱人，更美丽/虽然在这两条小路上/都很少留下旅人的足迹/虽然那天清晨落叶满地/两条路都未经脚印污染/呵，留下一条路等改日再见/但我知道路径延绵无尽头/恐怕我难以再回返/也许多少年后在某一个地方/我将轻声叹息把往事回顾/一片森林里分出两条路/而我却选择了人迹更少的一条/从此决定了我一生的道路。

剧中引用《未选择的路》，作者是美国诗人罗伯特·弗洛斯特，他是美国20世纪著名的田园诗人。主要作品有《波士顿以北》、《西流的溪水》、《更广阔的范围》等，他擅长通过对自然景物和乡间生活的精确描绘，表现出新的思想和境界。这首诗告诉我们，人生的道路有千万条，但一生中只能选择其中一条来走，所以必须慎重。人生道路上不要随波逐流，而要经过自己的思考，作出独立自主的选择。

基丁说："我们都有一种被人接受的需要。但是你必须坚持，自己的信仰是独特的，是你自己的，哪怕别人认为它们很怪，或者很讨厌，哪怕一群人都说，那太差。"

学会相信自己，坚持自己，不要随波逐流。生命是你自己的，并且只有一次。

第十一讲
你可以选择给他幸福 /《美丽人生》

◎片　　名：La Vita è bella

◎中文译名：成长教育

◎上映时间：1997年12月20日

◎出品国家：意大利

◎类　　别：剧情/战争/喜剧

◎导　　演：罗伯托·贝尼尼 Roberto Benigni

◎主　　演：罗伯托·贝尼尼 Roberto Benigni

　　　　　　尼可莱塔·布拉斯基 Nicoletta Braschi

　　　　　　乔治·坎塔里尼 Giorgio Cantarini

　　　　　　玛丽莎·佩雷德斯 Marisa Paredes

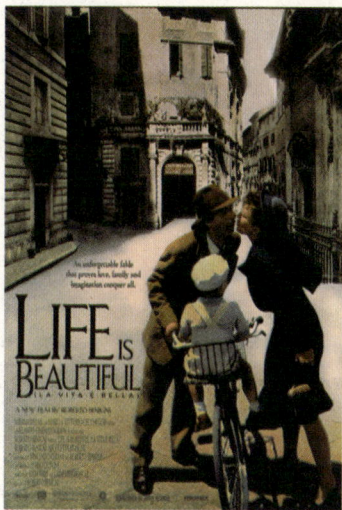

○ 剧情介绍

　　在二战爆发前夕的一个意大利小镇上，来了两位犹太青年——圭多和他的朋友，他们来投奔圭多一位开犹太餐馆的舅舅。圭多是个生性乐观、幽默的青年，从他到来的第一天起，就给小镇带来了欢乐。餐馆里的客人都喜欢他，其中还包括一位德国医生。

　　在美丽的小镇上，他邂逅了自己的爱情。一天，他在归途中遇到了"从天而降"的姑娘多拉——多拉因为要移走阁楼上的马蜂窝而跌落下来。后来，圭多总能偶遇多拉，并渐渐喜欢上了这个美丽善良的姑娘。每次相遇时他都会说一句："早安，公主！"所以多拉见到圭多也很开心。

　　多拉是位教师，她有一个家人安排的婚约，但她并不喜欢势利的未婚夫鲁道夫。在一次鲁道夫一厢情愿举办的订婚晚会上，圭多巧妙地帮助多拉解脱了鲁道夫的纠缠。多拉不惜跟父母闹翻，嫁给圭多。后来儿子约书亚出生，圭多梦寐以求的书店也开张了，一家人其乐融融地生活着。

　　然而他们的生活被二战的爆发打断了，因为是犹太人，圭多、舅舅、儿子约书亚都被抓进集中营。并非犹太人的多拉执意要跟家人在一起，所以她被关进女牢。集中营的生活是恐怖的，但圭多从第一天起就下决心要保护孩子的心灵。所以，他哄骗儿子，说这是大人们在玩一场游戏，遵守游戏规则的人最终能获得一辆真正的坦克。天真好奇的儿子对圭多的话信以为真，于是约书亚强忍了饥饿、恐惧、疾病、死亡……圭多以游戏的方式保护了儿子稚嫩的童心免遭伤害。

就这样，他们终于坚持到二战结束。纳粹战败准备撤退的一个夜晚，圭多将儿子藏在一个铁柜里，千叮嘱万叮咛让约书亚无论如何不要出来，而他则趁乱到女牢去找妻子多拉，但不幸被纳粹发现。当纳粹押着圭多经过约书亚的铁柜时，他知道儿子正在缝隙里看着他，所以他做出滑稽的动作，像是在玩游戏一样。然而一声枪响，圭多却死在纳粹的枪口下。

天亮了，约书亚从铁柜里爬出来站在院子里，突然一辆真正的坦克隆隆地开到他的面前，上面走下来一个美军大兵，将他抱上坦克。这是战争结束后的盟军。约书亚睁大了眼睛，真的像父亲承诺的那样，坐上真正的坦克回家了！而且在途中他还遇到了妈妈。

约书亚说："这是我的经历，这是我父亲所做的牺牲，这是父亲赐予我的恩典！"

○ 我的观影笔记

拥有这样一位父亲，约书亚是多么幸运！即使在惨无人道的集中营，他仍然没有失去属于童年的纯真与欢乐。有多少在集中营待过的孩子，面对血腥的屠戮，心理上都留下了不可磨灭的创伤和挥之不去的阴影。而对于约书亚来说，这一场恐怖的屠杀，只如同经历了"真人CS"那样的逼真游戏。这一切是爸爸圭多用生命换来的，他用生命呵护了孩子美好的心灵。在集中营里，幽默风趣的圭多制造着各种笑料掩盖残酷的现实，哪怕就在他最后被押走处死时，躲在铁箱里的约书亚透过铁柜的缝隙看到的，也是一个扮着小丑夸张模样的爸爸。

狱中的圭多仅仅是为了约书亚心灵不受伤害才故意"欺骗"他的吗？我们可以想象，难道圭多自己不是这么认为的吗？战争只是成人世界的一场疯狂游戏，最后的胜利无疑会属于那些热爱生命、努力生活的人们。即使在集中营里，圭多脸上始终带着笑容。如果没有发自内心对生活热爱的人，是不会有这种灿烂的、充满力量的笑容的！圭多知道噩梦是暂时的，相信美丽的人生才是永远的，所以才小心翼翼地呵护着儿子纯洁幼小的心灵。

我想，大概每个家长对孩子最初的愿望都比较简单：健康、快乐、幸福。但是随着孩子们一天天地成长，家长的需求越来越高，从健康这一基本的心愿一路飙升。我们给他们报满了各种各样的补习班，请了各种各样的家教。我们在使劲地培养他、拔高他们的智商、给他们塞满各种技能的同时，却忽视掉了他们作为一个人的基本发展规律。在我们的压力下，他们没有休息日，只有各种比赛；没有快乐玩耍，只有竞争。甚至有些学校干脆打出"超常班"的旗号，号称培养的是超常的孩子。

如果孩子连正常都达不到，何来超常？！

孩子在幼年、少年期间所受到的家庭教育的影响，往往是跟随一生的。现在的孩子多是独生子女，家长们把自己所有的希望和全身心的爱，全都一股脑儿寄托在他们身上。家长们任劳任怨、辛苦工作，只为孩子得到最好的物质保障；他们尽可能满足孩子的要求，生怕孩子受一丁点委屈。家长们对孩子身、心的保护比例严重失衡。相比人格魅力的培养，他们更关注的是孩子身体的茁壮成长，想方设法让孩子吃到更有营养的食物，用上更舒服更便捷的生活用品，结果很多孩子养成了好吃懒做、自私自利的恶习。过度的保护转化为溺爱，缺点得不到及时的纠正，逐渐成为他们性格和习惯中不可更改的痼疾。所以对孩子性格、习惯、人格的培养，一定要尽早着手。青春期正是人格逐渐完善和形成的时期，家长一定要好好把握。

对于孩子的教育，什么时候都不晚。如果您还没有意识到，那就从现在这一刻开始！

○ 课堂反思

一、品格教育是终生教育

曾有这样一起案例：徐州一位幼儿园教师暴打2岁半女童，整个过程持续10多分钟。当时两个女童发生了争执，在抢一个小板凳的时候有了肢体摩擦，其中一个是女童的妈妈是幼儿园的教师，知道后冲进来不但自己动手打和自己孩子有冲突的女童，还抓着自己孩子的手教孩子去打对方。为人父母的心情可以理解，但是这样教育孩子，伤害了围观的一群孩子。

我的班级里也有很多类似的例子，家长听说孩子被其他孩子欺负了，或者被老师训斥了，甚至被老师罚站了，来到学校不问青红皂白大吵大闹，不管是不是自己孩子的原因，反正是自己的孩子不能有一点点的委屈。例如，我们年级里有这样一位学生，行为嚣张，结交涉黑团伙，在学校称王称霸。由于其父的庇护，不管是同学还是老师，都不能招惹他。他欺负同学，班主任要求他做一个当众道歉，可他的父亲第一时间冲过来将班主任羞辱了一通。父亲扬言，老子有的是钱，打伤同学有的是钱来赔偿。绝对不能处分自己的孩子，不然要对学校怎样云云。

在父母如此保护下，我们的孩子抹着矫情的眼泪，指着对自己不敬的同学或者师长，让自己的父母发泄着不满。

保护孩子，是每位父母的第一本能，希望他少受一点苦，多一点幸福。宁愿自己多承受一些辛苦，也要满足他的意愿，这大概是我们人性里最无私的情感。只是，孩子漫长的一生，家长必然不能一直陪伴左右。他自己要经历任何一个人都会经历的人生内容，或许细节不同、起点不同，但是一些人生大规律是避也避不掉的，也是我们这些做父母的无法去替代和左右的。怎样去塑造孩子能够走出无可预见的未来的某些困境，得到属于他的幸福？

我认为，呵护他们的美好心灵，留住那些孩子与生俱来的单纯和善良。在孩子的各个时期都重视孩子的品格教育，这会使他们受益一生。

圭多告诉小约书亚，在这个柜子里面藏好，无论发生什么都不要出来。

片段一：

约书亚："犹太人与狗不得入内。"爸爸，为什么所有的商店都写着"犹太人不得入内"？

圭多：哦，这个啊，"不得入内"的标志是最新的潮流！各有各的喜好，前面有个五金铺写着西班牙人与马不得入内。有一天，我跟一个袋鼠朋友逛商店，但是门口写着"袋鼠不得入内"，我便跟他说"好吧，我们也没办法，他们不让袋鼠入内。"

约书亚：为什么我们的店没有"不得入内"牌子呢？

圭多：好吧，我们明天就放上一个。让我们讨厌的东西都进不去。你讨厌什么？

约书亚：蜘蛛。

圭多：好，我不喜欢吸血鬼，明天我们就写上："蜘蛛和吸血鬼不得入内。"

片段二：

圭多和儿子约书亚、叔叔一同被纳粹押进火车，在通往集中营的道路上，约书亚问爸爸这一切是怎么回事。

约书亚：我不喜欢火车。

圭多：我也不喜欢，我们会坐巴士回家，我跟他们说了。你看，井井有条，人人排着队进去，谁都想进去。

约书亚：他们在玩什么游戏？

圭多：对了，这是个游戏，大家一起玩，玩游戏就要守规矩，男人一边、女人另一边，军人主持游戏。很严厉，谁犯错谁就要回家。就是说，你一定要很小心，但是你赢的话，就能得到奖品，

约书亚：什么奖品？

圭多：一辆坦克，

约书亚：我已经有坦克了。

圭多：真正的坦克。

片段三：

约书亚随着爸爸近了集中营。一个法西斯军官问：谁懂德语。要求翻译营中规矩。圭多举起手来。他并不懂德语，他的译文如下：

"大家到齐了，游戏可以开始了，一千分就胜出，奖品是坦克……"

片段四：

纳粹在撤走营地之前要毁灭一切，圭多把约书亚藏在一处纳粹溃败撤离的那天夜里，基多趁乱将儿子藏在院中的一个小铁柜里。他叮嘱儿子，不管外面发生了什么都不能出来，只要坚持到天亮，约书亚就能赢得这场游戏。就在基多转身去寻找妻子时，被荷枪实弹的哨兵发现。约书亚透过柜门上的小孔看见爸爸被一个士兵押着从院中走过。圭多面朝着约书亚藏匿着的那个箱子，做出滑稽可笑的动作，爸爸走路时滑稽的模样逗得他开心地笑了。然后，墙角里一声枪响，基多再也没有走出来。

天终于亮了，集中营里的人都失去了踪影，院子里一片沉寂。约书亚从柜子里钻出来，孤零零地环视着眼前的这一切。突然，约书亚嘴角慢慢扬了起来，眼里露出一种巨大的惊喜——真是不敢相信呀，一辆坦克竟真的缓缓向他驶来！爸爸没骗他，他赢得奖品啦！

父爱不只是今天给你买一件衣服，明天带你吃一顿好饭。最深沉的父爱是对孩子心灵的呵护。看看每次父亲的话都应验时，约书亚脸上的惊喜的表情。电影快结束时美国大兵开着坦克进入集中营，父亲的坦克奖品的许诺竟然都实现了的时候，约书亚脸上洋溢着幸福的笑容。整个人类的悲剧，在小男孩的眼睛中，却是一场需要赢得积分的游戏，他的童年和其他小朋友一样都是快乐的记忆。这些都是他父亲用生命换来的。

我们都知道，某方面有心理障碍的人，通常追溯其成长经历，都会有不同情况的阴影。而且通常是幼年，或者青少年造成的。这种阴影会追随他一辈子，会影响他的性格、喜好、做人的态度、性取向等等。一个孩子的心灵如同一张白纸，他的人生如果是一幅画，那么这第一层的铺垫至关重要。第一层铺好了适合的颜色块，下面就减少了修改的时间。

健全的人格远比成绩更重要。如果说一次考试的成绩是一个螺丝的话，那么健全的人格是整个骨架。

建议：

(1) 注重尽早对孩子进行好习惯的培养。

早期对孩子行为习惯的规范和培养比什么都重要。因为做好这第一步，以后可以避免总是去纠正处理一个又一个的问题。前期的规范和要求比后期的弥补来得更为积极主动。

去救妻子的圭多被士兵发现，在被枪指着走向死亡的途中，路过小约书亚的藏身处，因为知道儿子在看这一幕，他故意做出滑稽的动作。

同在一个班级，有的孩子上完课后主动帮助老师打扫卫生，有的孩子自己的桌子周围搞得乱七八糟，书本随意摊放在书桌里，桌椅下还有大量的食品包装袋、饮料瓶；有的孩子在违反上课纪律被老师批评后主动找老师承认错误，而有一些对老师的课后谈心当耳边风。这和家庭教育对孩子生活行为习惯的培养有巨大的联系，并将一直影响到孩子成人或者伴随一生。

(2) 注重对孩子的人性善的渗透。

善良是一个珍贵的品质，善良才能使一个人生活在阳光下实实在在的快乐里。相信人性的善才能使孩子学会与人分享，更容易快乐和满足。大善大美永远引领着孩子健康成长。

我们都知道，快乐和幸福与金钱财富的多少并不成正比。人生路上，天知道有多少天灾人祸、生死别离？但是如果我们施与爱，我们也会得到快乐，人生的最大的快乐不就是没有良心上的不安，心中永远有一片艳阳么？

(3) 谨慎对待孩子遇到的"吃亏"。

作为家长总是不愿意看到孩子吃亏。像之前的那个幼儿园教师打孩子的例子，作为母亲，情急之下自己去动手打别人的孩子，却忘记了自己的教师身份。同样她拿起自家孩子的手去往另一个孩子身上打的时候，无形中也对自己的孩子传输了恃强凌弱的思想。

当孩子遇到一些事情，即使是孩子有"吃亏"的情况，也要先弄清事情真相后，再冷静处理。不要着急眼前的一点儿利益冲突。一定要给孩子说清楚道理以及再次碰到应该怎么做。

(4) 诚实、实事求是，爱护但不袒护

其实做错事情，敢于担当和道歉，也是一种勇敢和负责任的表现。

孩子做了错事，怕孩子受到惩罚，或者碍于面子，一定要在众人面前死磕，这恐怕很多父母都做得出来。但却没有意识到，大多数家长的袒护行为是一种纵容，没有敢于担当的气度，没有惩戒的尺度，那么一些社会法则就等于无效，孩子们会敢于挑战一切，甚至法律，失掉心中的是非感。

(5) 舍得孩子吃苦

不要舍不得那点皮肉伤，这是他走进丛林的必经之路。

曾经看过一个电视节目，好像是采访一个考入名校的高考状元的父母是怎样培养孩子的。做母亲的说，我从来不宠闺女，我的房间有空调，她的只有电扇。很多事情上，我都宁愿她吃点苦。

如果只是怕受伤和辛苦，就放弃奋斗和拼搏的机会，那这孩子的人生就会脆不可挡。现在的孩子都被宠得没有界限，导致心理承受能力脆弱不堪。不能承受一点风雨。做父母的并不能保护一辈子。只有经历才会成长，让他多一些生存能力吧！

(6) 学会兼爱。

幼吾幼，以及人之幼。保持兼爱，这样孩子也能够形成博爱的品质。

忌讳：

(1) 纠结于一些眼前的利益，无意中让孩子养成贪图眼前的恶习。

(2) 尽量处理好自己的生活，做一个好的榜样，不要让孩子生活在"仇恨"等筑成的围墙里。延续上一代的恩怨。

(3) 灌输孩子"好汉不吃眼前亏"的思想。

二、不能忽视的生活细节

圭多不放弃任何机会为他风雨中的家庭制造哪怕是点滴的欢欣，任何时候见到妻子，第一句话就是："早安，公主"。是他的乐观赢得了妻子的爱情。

在路过集中营的广播室时，他冒着危险在广播里呼喊妻子的名字，他想告诉她，他和儿子都还活着。他趁着做侍者的机会，为妻子播放了《船歌》，这首曾经响在他们定情之夜的歌曲，飘过沉沉迷雾的阻挡，在黑夜里，给他的妻子带去安慰，也让他们一家人，都鼓起了勇气，共同经历灰暗的时光。他尽了自己最大的努力，用一些看似微小的事情来让困境中的家庭成员重新获得了生的希望。

尽管小乔书亚年幼，但是父母在家庭生活中的点滴生活细节已经渗透他的认知，奠定了为人品格的基础，这些以及都会成为他成长的标杆和模仿的范例。

尽管小乔书亚年幼，但是孩子早期的经历和父母的榜样作用已经奠定了为人品格的基础，这些以及都会成为他成长的标杆和模仿的范例。

很多父母在要求孩子的时候，却常常被孩子指责自己的不合格。家长反问的哑口无言，恼羞成怒。这是经常发生的事情。

父母通常对孩子要求完美，却常常忽视自身的弱点，这也会成为父母在教育孩子的时候，孩子叛逆的原因。孩子会想：你还说我呢，你自己还不是一样？

我们回过头想一想，自己

圭多边走边跟儿子解释，那些反对犹太人的标语只是一些人的个人喜好。我们也可以给店门口贴上"反对蜘蛛和吸血鬼入内"的牌子。

成长的过程里，是不是感觉父母不了解自己，自己却把父母看得很透？这是因为，在孩子的世界里，空间本来就很小，包括学校和家庭，而性格品质上早期的塑造是在家庭里完成的。你的一招一式，会通过一个放大镜传达到孩子的眼睛里。而平时忙忙碌碌，有工作和社会关系的精力被牵扯的我们，眼中的孩子却只是一个表象，或者说一面。

人非圣贤，家长们在平日的琐碎生活里，有时候也并不能时时注意自身的微小行为，但是孩子在场的时候，特别是在公众场合，一定要时刻留意。我们不要忘记了那一刻仰视我们的眼睛。

课堂测试：

1. 你觉得自己在孩子眼里是一个什么样的形象？（和孩子共同做选择题，看是否一样。）

A　普通老百姓

B　事业成功人士

C　敬佩的人

D　贴心的人

你和孩子选出了一样的答案吗？还是说差别很大？面对孩子选出的答案，我们是很吃惊，还是早有预料？

可能大多数家长都是A，因为我们都是平凡人，能力有限。为了生活、为了孩子，庸庸碌碌地上班下班、做饭洗衣。可为了孩子付出一切，他还不领情。

成为B的家长也有很多，这个情况可能更糟，因为孩子对你的教育是持否定态度的。事业成功并不能解决教育问题，因为事业成功和道德品行的修炼是两码事。特别是以金钱为最高利益去追逐的时候，孩子的教育能不能成为你生活的重要内容就另说了。

能成为C和D不容易，如果您是让他们敬佩的人，这也很好，至少你的人格他是很赞同并且乐意效仿的。D是一种很和谐的教育氛围，而且作为家长的你已经深深地把自己的人格影响到孩子身上，并得到了他们的认可。我班上有位品学兼优的学生，他的父母只是普普通通的上班族，家庭情况非常一般。但他可以经常跟父母聊天，父母也积极听取他的意见，遇到问题，也会先争取他的看法。他觉得自己受到了父母的尊重，是家庭的一员，因为在家里大家都是平等的。

2．你在孩子心中是怎样的位置？（和孩子共同做选择题，看是否一样。）

A　害怕和厌恶的人

B　看透了的人

C　陌生人

D　大朋友

如果你对于孩子来说，是让他能够感觉信任的大朋友，那么你和孩子的沟通、交流就没有问题，你们之间会是一个良性的互动。但如果是另外的答案，那么，你需要好好思考一下了，因为这就是为什么你的一些说教对孩子不起作用的原因。因为你对孩子来说陌生，甚至你的理念孩子根本就不认同。

3．每天孩子放学后，你通常对他们说些什么？

A　孩子的作业都有哪些

B　讲一些大道理，告诉孩子要努力读书，不然将来没有出路

C　不怎么说话，因为孩子不太愿意跟自己聊天

D　聊些学校里的事情，聊聊孩子的好朋友，也对孩子说说自己今天过得怎么样

选择A的家长是最关心孩子分数的家长，成绩是第一位的。选择B的家长，孩子对您的那些话已经有了免疫力，话都是箴言，但不能天天说，出现次数太过频繁就没有了它的意义。选择C的家长和孩子有一定的距离，孩子不信任你。选择D的家长，恭喜您！您已经和孩子达到了和谐状态，和孩子齐头共进吧！

家长有时候觉得自己很了解孩子，孩子做出让人意外事情的时候，才发现自己把孩子想简单了，或者说根本不了解孩子。而孩子们说出的话又让自己吃惊，原来自己的举动全进了孩子的眼。这个时候，你是不是该反思自己了？

建议：

(1) 父母也要注重自身的品质素养，终身学习，时时提高。

父母对自己品质的塑造并非在有孩子之前就已经完成了。要终生向学。

永远需要保持珍贵品质，不要以任何代价丢弃它们。你的行为是孩子最好的教科书。

(2) 对孩子要及时教育。

每天留出一部分时间，和孩子交谈，这可以是在放学路上，可是在餐桌上或者晚饭后。听听他的生活，内容不仅是学习；也谈谈自己，内容不避讳工作。

孩子的不良习惯，要及时纠正，不能纵容。即使是一件微小的事情，也要保持原则。

遇到社会上不恰当的事情，无论是作为参与者，还是旁观者。要跟孩子及时地沟通，讲道理，并且让孩子表态。

(3) 父母要对家庭有充分的责任感，并把责任感带给孩子。

在不完整家庭里成长的孩子往往有些消极，没有安全感。

家长也要在家庭生活里注重对孩子责任感的培养，告诉孩子做事情如果想要成功，就不要轻言放弃。困难是必然存在的，也是可以克服的。做任何事情都不要虎头蛇尾，三分钟热度，这样还不如不做。生命的意义就在于过程，所以，享受过程的困难，最终一定会有一个结果，只要全力以赴地去做，就没有遗憾。这样也是对自己负责任。

在孩子进行一些有难度的事情的时候，要鼓励他善始善终，坚持到底。

让孩子负担一些家务，尤其是自己的脏衣服、收拾房间等。

忌讳：

(1) 夫妻两人经常性地吵架。互相挑剔。说出伤人的话。

(2) 在家中随意地发火，把自己的负面情绪转嫁到孩子身上，对孩子随意的呵斥。

(3) 孩子愿意了解家庭问题的时候，说"这是大人的事，小孩子不要插嘴！"

三、人生是不完美的，但终究是美丽的

本片导演兼主演贝尼尼说，片名来自利昂·托洛茨基（Leon Trotsky，俄国与国际历史上最重要的无产阶级革命家之一，在1905年俄国革命中被工人群众推举为彼得堡苏维埃主席）所说的话。托洛茨基在墨西哥流放、得知自己即将被斯大林暗杀时，他看着花园中的妻子写下了："人生是美丽的。"

贝尼尼以一种意大利式的幽默，让我看到了一位笑着面对苦难生活的丈夫与父亲。圭多，这个热爱生活的年轻人，在随时都有可能失去生命的情况下，还会想尽一切办法来保护妻儿。他利用为纳粹放广播的机会，偷偷地放了多拉以前爱听的歌剧，让身处女牢之中的多拉知道他们父子俩还活着；他听不懂一句德语，却抢着冒充翻译，把德国军官的一席训话全部翻译成了游戏规则，唯恐约书亚知道事情的真相。哪怕是在自己生命将被结束的时候，也要想方设法保住儿子纯真的心。他让心爱的儿子在一场非同寻常的游戏中走过了人生最黑暗的岁月，这就是这位父亲的伟大之处。

哪怕在面对人生中最大的困境时也可以看成是一场游戏。人生到底是喜剧还是悲剧？在你搞不懂的时候，在面对巨大的遭遇与困惑的时候，把它当喜剧来演，还是当悲剧来演？

喜是生命的全部，悲是不完整的一部分，借此不完整，才能体验完整，体验到生命真实的完美。这应该是这位集编剧、导演、主演三位一体的大师的智慧。

美丽的人生不全是衣食无忧，而是精神上的乐观，在任何情况下，还能以机智、幽默、乐观、坦然的态度面对生活，哪怕是随之而来的死亡。这也是对待生活的大智慧。

我们做家长的，已经拥

幸福的奎多一家，演绎着美丽人生。

有了很多生活经验，但作为父母，很多人都是第一次。我们不自觉地把我们的生活信条、原则和习惯带给孩子。我们需要不停地自省，我们对待人生的态度有没有问题？这些会不会对孩子有负面的影响？当然，我们不是圣人，我们会有这样或者那样的疏漏，这同时也是人生不完美的一部分，但我们应该有影片里面圭多的勇气和包容的态度对待人生，并且即使不完美，也要热爱生命。我们应该用这样的态度影响孩子，并且珍视和孩子度过的每一天。

建议：

(1) 乐观面对每一天。

经常和孩子一起做运动，士气高昂地面对每一天。很多时候，事情的成败的确取决于你做事的态度。

家长要保持乐观的心态。乐观的心态营造轻松愉快的家庭文化，营造轻松的家庭气氛，使欢笑充满家庭，同时也可以增加沟通的机会。

对待自身和对待孩子都始终保持积极的人生态度。只要有健康的心灵，就会有乐观的心态，生活也从此充满希望。

你的良好心态绝对会感染孩子。

(2) 经常和孩子讨论。

对于社会上或者身边发生的一些消极的事情，可能是一篇新闻，也可能是孩子学校的一些事情，及时地和孩子讨论，如果是你，你怎么做？正确的做法是什么？如果你做错了，能不能接受惩罚？

(3) 多沟通，让孩子学会表达和分享。

现代社会，尤其是在都市，遗失了孩子共同玩耍的土游戏，孩子们在孤独的房间对着电脑长大。家庭"4+2+1"的结构，让孩子成为金字塔的顶峰，没有朋友，没有兄弟姐妹，只有"唯我独尊"。丧失掉与人沟通、合作的能力。滋生出一些诸如"自闭"、"自私"、"极度利己"的"另类品格"。

身为一个社会人，随着孩子的成长，丧失掉最基本的沟通和表达能力的话，那么往大了说，没有合作，社会还怎么发展？对于孩子自身来说，没有正常的交流和倾诉，必然是孤单、无助的，更别谈快乐和幸福。

我所教的班级里，有一个排名年级第三名的孩子，他的口头禅就是："这是我的！"我在他的桌子上做了张范画，他立马就说，"别人都不许拿走，老师在我桌子上画的，就是我的！"经常听到他嗓门很大说这句话。这么小的年级就不懂得分享的快乐，只想把一切占为己有，那么他离幸福和快乐有多远？

影片中圭多不仅让儿子，同时也是让自己相信：一切噩梦都只是暂时的，最后的胜利终归属于我们。所以即使在集中营里，基多也始终是笑声不断，因为他有着对生活的坚定信念，相信人生是美丽的。所以他小心翼翼地呵护着儿子纯洁幼小的心灵。只有心灵是健康的，人生才是美丽的！

忌讳：

(1) 有工作和生活上的压力的家长，当着孩子的面经常性地说出消极厌世的话。

(2) 夫妻双方当着孩子的面互相指责，揭发对方的缺点，说难听话。

○ 亲情贴士

我们需要让孩子终生保持这些品质，不能以任何代价丢掉它们：

1. 正直，善良。相信人间的美好，因为我希望你能够一生快乐。

2. 努力奋斗，积极进取，敢于吃苦。要知道，勤奋耕耘后的收获才更有价值，苦尽甘来的喜悦才更美丽。

3. 乐观，勇敢。有了发自内心的乐观态度，人生还有什么阴霾不能度过？有了坚强勇敢的信念，还有什么困难无法克服？

4. 坚持，责任。脱去浅尝辄止的浅薄，褪却浮皮潦草的轻慢，人生变得厚重而馨香。

5. 沟通，表达，分享。有人分享的人生是快乐的，有人倾听的言语是有价值的。

○ 课外资料库

1. 关于电影：

罗伯特·贝尼尼，意大利著名喜剧演员和导演，《美丽人生》这部影片就是由他自编自导自演的黑色喜剧片。这部影片颠覆了以往众多以二战中纳粹屠杀犹太人为题材的电影，以喜剧的视角来反映战争的残酷，取得了震撼人心的效果。这种笑中含泪的效果，让人们认识到战争的荒谬，领悟到人生的真谛：

无论如何人生都是美丽的，哪怕一时会被黑暗笼罩，哪怕会遇到艰难险阻，但我们仍能在不完美中找到美之所在。

本片曾荣获1998年奥斯卡最佳外语片、最佳男演员奖，还曾获得28项国际大奖，在全球好评如潮。贝尼尼也成为奥斯卡影史上第一位以外语片拿到奥斯卡影帝的外国演员。本片的喜剧风格与卓别林的颇为相似，一个更有趣的事情是：贝尼尼在狱中所穿衣服的号码跟卓别林在《大独裁者》中的一样。

2. 来自我一位学生创作的一首小诗：

那片湛蓝的天空，
已经离开我们许久了……
日子，
在晦暗的阴天层层掠过，
偶尔飘落的亮亮的雨，
敲击在模糊的玻璃窗上。
揉揉疲倦的眼睛，
讲台，
黑板，
老师。

3.摘自我一位学生今年2月发表在博客上的一篇小文：

请对孩子好一点

还是忍不住写点东西
最近去上课
免不了要坐车
就免不了会看到大人带着孩子出去玩
我也不知道为什么
看着那些孩子

就觉得他们特可怜

看着他们那稚嫩的小脸

天真的笑容

自己也跟着笑

那天

坐地铁

一个爸爸带着孩子坐地铁

爸爸让孩子站到门口的地方

他们下站要下车了

孩子没有动

爸爸自己往门口走着

边走边说

你不跟着我一会我自己下车不要你了

原本天真地笑着的孩子哇的一声哭了

我条件反射似的看了那个爸爸一眼

他笑着

笑着看自己的儿子哭

我特别费解

家长是特别喜欢看自己的孩子哭么？

让他们高高兴兴的不行吗？

让我想起

小时候

家长也经常跟我说

不要你了

我们吃饭没带钱?你就留在这里吧

把你换成什么什么吧

你妈不是你亲妈

……

相信每个家长都对孩子说过类似的话吧
我想问问
你们跟一个那么小的孩子
开这么一个玩笑的时候
你有没有想过孩子的感受
那么小的孩子
是最依赖父母的时候
当他们听到自己最依赖的人?最亲的人
说不要你了的时候
你们知道他们心里的恐惧么
他哭了
你不但不觉得内疚
还嘲笑孩子没出息
那依那些家长们
什么样的孩子才是有出息的?
当你说不要他的时候
他洒脱地说你爱要不要?
那你又该说这孩子没良心了吧?
呵?怎么样都是孩子的错

你们是大人
你们就可以拿孩子开玩笑
你们就可以平白无故的拿孩子出气么
你们也有过孩子的时候吧
你们的父母也这样对你们吗
当家长的就不能对孩子好一点么
就不能稍微的顾及一下孩子的感受么

他们有什么错

他们凭什么从小就得生活在恐惧中

每天提心吊胆的

担心爸爸妈妈不要自己了

直到自己长大

大到知道他们是在逗自己

不会不要自己

或是习惯了他们这么说

对家人满不在乎

最后落个不孝的罪名

被说是垮掉的一代

呵呵

真的想跟那些现在小孩子的父母

还有那些马上要为人父母

或是打算要个孩子的家长们说

如果你做好了当孩子爸妈的准备

就请你好好的对自己的孩子

他们的内心很脆弱

他们没有错

千万别随便的跟孩子说不要你了

他们会哭会害怕的

第十二讲
他的青春他做主 /《功夫熊猫》

◎片　　名：Kung Fu Panda
◎中文译名：功夫熊猫
◎上映时间：2008年5月15日
◎出品国家：美国
◎类　　别：喜剧/动画/动作
◎导　　演：马克·奥斯本 Mark Osborne
　　　　　　约翰·斯蒂文森 John Stevenson
◎主　　演：杰克·布莱克 Jack Black
　　　　　　达斯汀·霍夫曼 Dustin Hoffman
　　　　　　安吉丽娜·朱莉 Angelina Jolie
　　　　　　成龙 Jackie Chan
　　　　　　刘玉玲 Lucy Liu

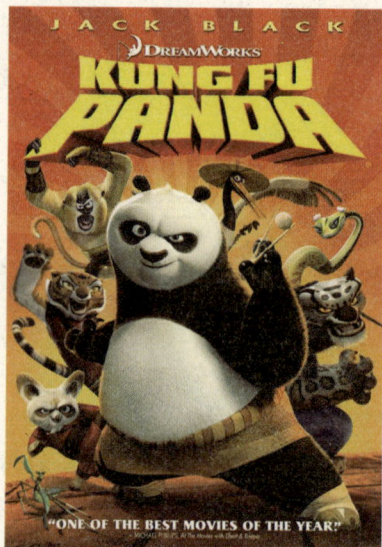

○ 剧情简介

　　古中国的和平谷，是武林高手云集之地。熊猫阿波从小痴迷功夫，对虎、蛇、鹤、猴、螳螂五大惊世护法高手崇拜得五体投地。可在现实中，阿波不过只是间小面馆的伙计，而且还体重惊人。成为功夫高手只不过是他的白日梦，他只是整天被鸭子老爸在后面追着喊着抓紧时间做好面条、继承家族的面馆。

　　在五大惊世护法高手之前，"功夫师傅"曾经有个徒弟太郎，师傅把他当做自己的孩子加以疼爱，但是太郎没能达到众人期望，失败之余竟然怒向对自己恩惠有加的师傅，要血洗江湖，幸亏被乌龟仙师制服，囚禁起来。

　　如今谷中高人乌龟仙师掐指一算，预感到江湖会有场血腥之灾。于是决定召开武林大会比武招贤，推举出一位武林高手带领大家抵抗外敌。"功夫师傅"的五大高徒护法是本次招贤的最有力争夺者。

　　阿波被父亲逼着推着面条摊去比赛场外做生意，想凑热闹一睹心中偶像风采的阿波误打误撞闯入比武大会的场地。乌龟仙师认为这是命中认定，不可更改，于是阿波成了龟仙师眼中肩负拯救整个和平谷使命的救世主。

大敌当前，要想让一无是处的阿波变身为旷世武林奇才，"功夫师傅"没有丝毫信心。乌龟仙师一句话点化了"功夫师傅"，于是"功夫师傅"对这个贪吃的大胖子进行了魔鬼训练。虽然生性固执、要求严格的师傅总被气得大念"孺子不可教也"，虽然虎、蛇、鹤、猴、螳螂五大惊世护法高手也都疑虑重重，可当被囚禁二十年的大魔头"太郎"逃出牢笼，发誓血洗江湖之时，熊猫阿波却义无反顾地肩负起了天赋使命，和大家历经千辛万苦，击退了魔头，拯救了所有人。

○ 我的观影笔记

这是一部我们大家都很熟悉的电影，相信很多父母和孩子都一起看过。

有这么一句话："每个孩子都从自信到自卑，从不可一世到俯首称臣，从鲜活的生命最终变成尘土。"这句话形象地描述了人的一生面对命运所做的妥协。年少时，我们总是自信满满，以为未来都在自我的掌控之中，对人生路途充满了浪漫的幻想，而长大后我们了解到，还有那么多无法掌控的事情，苦难和快乐总是相伴相生。岁月的河流不断磨损着年轻的张力，我们最终变得平庸无奇，变得麻木，放弃甚至忘记了曾经的理想。

很多时候，我们需要对自身进行漫长的寻找和发现，每个人从出生起都带有不同于别人的"质"，这是他之所以成为他而非别人的根本，是他活出真我的源泉。人们常说："人之所以痛苦，是因为在追求错误的东西。"其实，错误与否只是相对而言，这里所说的错误，是指有违自己本性内心的东西。发现自我的过程并不容易，有的人甚至一辈子都寻找不到，一辈子在歧路上徘徊。虽然有的人在不属于自己的生活状态中也取得了非凡的成绩，但心中总是遗憾，总是不自在，总是不幸福。其实，并非按照大多数人的意愿，扮演社会更易认同的角色，比如大学生、白领、海龟、公务员等等，就是"幸福生活"。幸福或者不幸福，答案在于自己本身，而不是做给别人看的。如果生活如同演戏，那么，人生的意义又在哪里？

影片中熊猫阿波是鸭子父亲一直以来的期望，这个血液里都流淌着面条的家族，自从祖先从一头猪那里赢来了面馆后，就靠它发家致富。然而阿波对经营面馆没有任何兴趣，只是做着成为功夫大师的白日梦。对于父亲来说，阿波能顺顺利利地把父亲煮面条的手艺学会，把面条店经营下去就是他最大的愿望。天底下有多少父母自孩子出生起就给孩子设定了自认为理想的目标？在视线所及之处，给孩子的将来做一个稳妥的打算。我们似乎经常听到家长的谆谆教导："这个你做不合适，我们家没有做这个的。""你学那个专业不合适，不太实际，将来可怎么找工作？"

在鸭子父亲看来，笨得连面条都做不好的阿波是不可能成功的。然而阿波的父亲做梦也想不到，就是这样笨手笨脚的阿波居然做了人人敬仰的龙战士，而且要为世界的安危挺身而出！

其实，机遇的降临既是偶然，也是必然。如果阿波一直以来对功夫并不痴迷，那么他就不会出现在比武招贤的台子上，而是老老实实地听着父亲的叮嘱在场外卖面条做生意。结果是，阿波经受了历练，完成了任务，并拯救了所有人。

动画有动画的夸张化，电影有电影的理想化。但是，撇开天方夜谭的情节设定，我们能从中品味出什么呢？影片中鸭子老爸说："认为它特别，它才能特别。"他说得很对。我们何苦要随大流地争夺自己不喜欢的东西呢？找到自己的位置，天生我材必有用。我们需要的是——发现！

人类的潜力不可估量，你有可能成为泯然于人流中的"任何人"，有可能因为发现和坚持最终成就自己，也有可能如伤仲永般陨落曾有的辉煌。诚然，这和社会环境、人生际遇息息相关，不过自我发现却是一个非常重要的部分。很多人成功，更多地靠的是专注于感兴趣的事业，靠的是当初相信自己的一股子劲头。这种自我潜力，是一种坚不可摧的力量。我们为什么不去发掘它呢？

很多伟大的人，并非一开始就具有与众不同的过人资质——上学时被说成智力低下的爱因斯坦、被老师责备连鸡蛋都画不好的达·芬奇……因为教育者往往关注的是当下的状态，奉行的是普遍性规律，导致许多孩子的独特才能被埋没。

或许我们都该来学学那个鸭子老爸，放手让他去尝试。

我曾看过一个有关小布什母亲的访谈片段，她说："我有两个儿子，一个是总统，另一个是农夫，我非常自豪拥有他们，两个人都同样努力地对待生活。"让孩子去做他想要的，无论是成为总统还是农夫。重要的是，看清自己，认可自己，心甘情愿，了无遗憾。无论如何，让他成为他自己！

发现和寻找自我，是一段漫长的艰难旅程，需要家长的陪伴和适当地指导，但同时也应该给他自己一定独立思考的空间。

让他成为他自己，让我们成为他的伯乐吧！

○ 课堂反思

一、不要折断孩子理想的翅翼！

90后的独生子女们，在家里万千宠爱于一身，对于想要得到的东西父母不会说不。他们是在这样一个没有风吹日晒的环境中、在必胜客肯德基麦当劳哈根达斯的糖衣炮弹里长大的。我曾经在一次监考的无聊时间里用统计打发时间，通过观察，我发现一个班级里孩子们的鞋子和书包，有50%的耐克、48%的阿迪达斯、剩下2%是锐步或者李宁。现在的孩子，吃的穿的都是最好的，家里有房有车，有的孩子拿的零花钱甚至比老师的工资都多。在安逸的物质生活面前，孩子们往往感到无聊和空虚。在这样的情况下，他们还会追求什么？他们知道为什么而学习吗？他们知道为什么而生活吗？

因此，孩子们需要理想——一个可以为之奋斗的意义，一盏照亮人生、指引前进的灯塔，一个让人愿意付出所有努力来实现的热望。正如熊猫阿波的对功夫的迷恋，他不曾想要做什么龙战士，不曾想拯救世界，但兴趣本身是一个强大的力量。在追求理想的道路上，一切都水到渠成。

面条阿波的梦想，就是当一名拯救世界的英雄。

有的家长会说："考好大学不是理想吗？""出国不是理想吗？""多赚钱不是理想吗？"是，可以是，但关键看孩子是否认同。我问过许多为高考而选择学习美术的学生类似这样的问题："知不知道什么是素描？"，"对画画有什么看法？""为什么要学它？"很遗憾，很多画了一年多的学生，并不能解释。偶尔也跟学生在一起讨论学习的目标、考大学的意义、对人生的规划问题，可大部分的回答是："考大学就考大学呗。""不清楚，没想过。""找一份好工作，多赚些钱。""爸妈逼着学，没办法。"孩子们对于这些父母时刻挂在嘴边的目标已经免疫了、麻木了，甚至都懒得去追索它们的意义、懒得发出自己的声音！

面对家长的期许，电影中熊猫阿波的反应呢？这是你的理想，不是我的！

理想是孩子内心神圣的信仰，在这个崇尚物质的时代，孩子心中需要些精神的支柱，否则很容易迷失和随波逐流。还记得吗？上幼儿园的第一天，老师曾要求孩子走到所有同学面前描述自己的理想时五花八门的回答。可随着年龄的增长，那些理想变得越来越遥不可及，而被单一的物质追求所取代了。

其实理想没有走远，只因家长或老师太多次地对它们说：NO！

因此，面对关于理想的这样的回答："我也不知道，老师您说哪个挣钱多？""我想学绘画，可这太不现实了，我妈妈说这很难找到工作！根本养不活自己。"也就不足为奇了。你看，是谁阻止了他得到幸福的机会？

在对下一代给出建议的时候，很少有家长有勇气对他们说：去吧，孩子，追寻你喜欢的。即使失败也无所谓，因为你的人生不会有遗憾。取而代之，我们更多地在心里用社会的天平去衡量这些"理想"，测测它们的风险和收获的比值。可回头看看我们自己，坐在暖气充足的办公室里，埋怨着我们在做着自己不喜欢的工作，离自己的理想越来越远，每一天活着没有意义，盼望快快退休能够解脱……对此，我们还要让孩子重蹈自己的覆辙吗？

所以，放飞理想的翅膀，别让青春无处安放，迷失在途中。

建议：

(1) 帮助孩子制定目标。

试着去了解孩子的理想，不管它们有多少，都是多么不切实际。综合社会、家庭、孩子的个性特征等多方面的因素，配合一些科学的方法和成功的例子，帮助孩子选择和建立起自己的人生目标。家长要注意，单纯放任孩子做自己的选择是不负责任的，因为孩子的思想还不成熟，看问题的广度和深度都有限，适当的引导和帮助是很必要的。

据此建立每个阶段的短期目标，将总目标落实到切实可行的方法和计划中来，量化每天的工作，这会让他的实践更加实际。

有了方向，孩子会感到一切都明朗起来，会切实看到努力换来的收获，能够清楚地看到自己一步步正向自己的理想迈进。

(2) 家长们要看得远一些，对于孩子的爱好不要太功利。

这一点上面已经论述过了，我们家长的视线不妨长远一些。家长们不要简单地为社会潮流和普遍标准所左右，要知道这些往往也不是凝固不变的，它也在时刻进步着，只是我们可能暂时看不到而已。要知道，世界上没有什么选择是唯一的，每个孩子都是独特的个体。如果家长都在这股潮流中迷失了方向，又如何给予孩子恰当的引导呢？

因此，家长在给孩子报兴趣班、填报学校志愿的时候，不要将自己的意愿强加给孩子，彼此多多交流，要听听孩子的心声。

忌讳：

(1) 家长帮孩子制定目标变成一切包办，一切听我的。

(2) 对孩子灌输太多的物质性目标，而对精神性目标要求过少。

和平谷五大护法：鹤、虎、猴、螳螂、蛇。

二、目标要合理

影片中，师傅有很多徒弟：太郎、五侠还有熊猫阿波。太郎是一只由师傅收养的猎豹，它是个孤儿，有着无与伦比的天资，是练武的奇才，更曾是师傅引以为豪的大弟子。宗师在对他的培养过程中，是充满爱的。他一方面给予太郎慈父般的真情，一方面灌输太郎一个非常高的梦想——以其武学资质成为龙斗士的真传，成为龙之典的拥有者。但是，成长中的溺爱和纵容，使太郎逐渐变得内心骄横，致使在无法实现最高理想之时心生邪念，成为破坏世间和平的祸害。

我们家长，对孩子也是寄予了太多的爱和希望，而这些往往蒙蔽了家长的双眼，使他们无法接受不同于自己的声音，忽略掉了孩子自身的独特性。建立在主观强加之上的规划，在无法与孩子的个性特质吻合的情况下，对孩子将是一种莫大的危害。

我身边就有这样的实例，一个学生在年级一直名列前茅，学校也将他作为苗子使劲培养，更别提家长了。大家都以为他一定可以考上一本名校，结果在重压下，考场上的他晕倒了，不得不中途退出，再后来，他因无法接受这样的事实而患上了妄想症。还有一个普通班的学生，他的资质普通，甚至有些笨笨的，但因为学习很刻苦，所以一直保持在班级的前几名。可是家长想方设法把他调到了快班，认为在快班里他的成绩会更好。结果，孩子因为跟不上同学的进度而产生了严重的自卑心理，最后只考了个大专。

先放下一考定终生这样的错误心理不谈，单把孩子托上一个高台，却没有客观评估他们的实力，以至于孩子们在面对一点挫折的时候就心态失衡，而走向自我毁灭。

无论任何事，都是适度就好，过犹不及，对孩子的爱和期待也是如此。放一颗平常心，找到适合孩子的位置，他们的人生将会更幸福。

建议：

(1) 正确评估孩子的能力。

很多家长喜欢盲目比较，置孩子自身的实际情况于不顾，置问题发生的原因于不顾。

通常来说，人们会以为没有谁会比父母更了解孩子，因为彼此是如此亲密的关系，但事实却是，许多家长真的对孩子所知甚少。他们不知道孩子在学校的样子，他们不明白为什么孩子会在博客里写那些消极的话语，他们不清楚为什么孩子的成绩一落千丈。他们只是一味地沉浸在自己对孩子膨胀的幻想中，无法客观地评价孩子，

这种妄自尊大的心态在教育里面是绝对要避免的。

(2) 给孩子定目标要适度，不要期望他成为"超常"。失衡是我们所不愿意看到的。

作家长的，总希望自己的孩子更优秀、更出类拔萃，永远不知满足。无形中这种期望会变成一种硬性要求，转变成孩子头上的重压，从而产生抵触心理。

另一种后果是：孩子盲目地跟着家长的脚步，失去了自己的思想和自由。甚至有的孩子因为学习劳累，精神状态很不好，总是犯困，疲惫不堪，哪像是朝气蓬勃的年轻人！

所以，家长们一定要保留一颗平常心，让孩子在自己的水平线上游刃有余。

(3) 没有什么比身心健康更重要。

身心健康，是成为一个健全人的根本，是进一步发展自我的基础。现代社会竞争激烈、压力大，很多人只知学习、工作，却忽略了健康。等到疾病缠身、心理扭曲的时候，才发现健康的宝贵。青少年，无论身体和心理，都处于一个剧烈的变化时期，家长尤其要注意保护这颗小树苗壮成长。

我有一个学生，学习成绩还不错，只是品行较差。后来他欺负同学的现象越来越严重，于是我找到他的父亲沟通交流，谁知他父亲竟说："来学校学习只是为了学好文化课，其他不用老师教。"家长用这种想法来教育孩子，孩子的将来是非常令人担忧的。

忌讳：

(1) 对孩子过度溺爱和纵容。

(2) 给孩子设置一些不合理或者不可能达到的标准。

三、桃子更愿意成为桃子，而不是苹果或桔子

师傅：有些事情我们可以控制，我可以控制果实何时坠落，我还可以控制在何处播种。

龟仙人：是啊。不过无论你做了什么，那个种子还是会长成桃树，你可能想要苹果或桔子，可你只能得到桃子。

师傅：可桃子不能打败太郎。

龟仙人：也许它可以的，如果你愿意引导它、滋养它、相信它。

这是师傅和龟仙人关于阿波进行的一段谈话。桃子更愿意成为桃子，而不是苹果或桔子，尽管有可能苹果和桔子比桃子的市价贵。孩子的爱好、理想在实质上没有贵贱之分，这也就是我们反复强调的，不要以功利的眼光来教育孩子，尽管社会已经习惯将职业分为三六九等。着急的父母费力地把孩子往上推，希望他能够获得富贵和敬仰。他们拔苗助长地给孩子报满了各种学习班，甚至互相攀比看谁请的家教多。我熟知的一个学生，周六周日一共六个班，上午钢琴下午绘画傍晚英语，第二天舞蹈数学作文排一天。每每看到她无奈的模样，问她："不喜欢的课外辅导为什么不请求父母取消？"她耷拉着个脑袋说："没办法，已经说了好多次，没用的！"

还有两个学生——程和肖，她们是好朋友。开学的时候相互介绍自己，问到爱好，程说："从小到大我喜欢的，他们都不同意，我喜欢绘画，他们对我的画说没希望，太笨拙。我刚开始弹吉他，他们说这是流浪歌手底层

师傅在龟仙人的点化下开始训练阿波。

社会才干的事儿，所以到现在我也没爱好，不知道自己喜欢什么。"高考的时候，又碰到他们。问起报考的专业，程说："爸妈一定要我报法律，律师挣得多，还体面。"肖说："老师，我报的是农大的兽医，因为我喜欢小动物。爸爸知道我喜欢，帮助我选的学校和专业。"这时，程插过来嘴："哎呀，我本来也想报这个专业，可是，跟妈妈一句话还没说完，我妈就说：'真要命，脏死了。你要学这个以后不要回家了。'我只好说：'好吧，等着瞧吧，一毕业我就搬出去，再也不回这个家！'"

学生瑶，学习不好，对学习总提不起兴趣，只是迷恋服装设计，而且时尚嗅觉很灵敏。如果能将爱好和工作结合，若有机会，会成为领域内的优秀之才。可他的班主任不喜欢，甚至带着些鄙视。

在这个方面我的先生也是个特例：从小喜欢打游戏，迷恋至极，总被父母在游戏厅找到然后揪着耳朵回家。他的学习成绩不好，不过反而是游戏最后救了他。他选择的职业是游戏设计师，后来又从游戏设计师转到舞台美术设计师，还有幸参与了奥运会的舞台设计。

我曾看过一个漫画：一个人的爱好是捡垃圾废品，喜欢玩废铜烂铁。父母禁止后做了牙医，赚了很多钱。他最大的愿望是等到退休之后能够自由自在地继续自己的小爱好。可是，他自己费心捡回来的废铜烂铁拼接好的铜像再次被儿女扔掉了。这虽然是则小寓言，但从中我们可以知道：每个人都是他自己，是桃子还是苹果，只要是心底的爱好，只要是正当的和正常的，不用太多地顾虑它的社会附加值，

真实地听从自己内心的声音，总会生长出健康漂亮的果实。

建议：

(1) 让孩子拥有自己的爱好。

没有兴趣的生活是乏味的，没有理想的人生是空虚的。

每个人自出生起都会对一些事情表示出兴趣，只是被我们家长有意无意地抹杀了，这可能因为我们对这个兴趣有一些偏见，或者是我们觉得那个爱好不务实。

因为人的相异性，爱好对于每个人来说都是一种特殊的感情，是能够让他本人沉醉其中、感受到快乐的东西，后天的强制培养和天生的本性选择是不一

样的。

所以，我们应该呵护它。

鼓励和培养孩子们发现和发展自己的业余爱好，成为一个内心丰富、寻找快乐、懂得生活的人。

(2) 但不要强迫。

违逆了他生长的方向，如果不喜欢，这条路他走不长。

把选择权丢给他，有选择地去上辅导班吧。

忌讳：

家长用自己的喜好去干扰孩子。就拿养宠物来说，如果恰巧你不喜欢小动物甚至有些害怕，是否可以给他专辟一个地方来帮助他实现？你可以提前跟孩子约法三章，比如保持房间的整洁、对小动物负责等等。

四、信任与自信

起初，师傅无法接受由一个体态臃肿、毫无武功天分的熊猫作为武林至尊的现实，并多方刁难于阿波，想迫使其自动退出。当然就更无法去爱他、教育他。但是，龟仙人圆寂前劝诫师傅："请相信他。"这一次交谈改变了师傅的偏见，他开始尝试着接受阿波作为龙斗士，并在信任的基础上为熊猫制定了个性化的习武之法，从而使熊猫的功力大增，最终战胜了邪恶的太郎。由此可见，信任对于教育来说多么至关重要。

师傅送给阿波的无字之书。

以信任为基础，我们才能为之付出心血，才能把一切变成积极的动力。

尝试改变对孩子的态度，尝试去相信他的选择，相信他的能力。有了这样的信任，你们之间的关系才会更为亲密，孩子的潜能才能得到无限的发挥。

影片中，真正的龙斗士会得到天书，而熊猫阿波打开天书后，却发现上面一个字都没有。这居然是一本无字天书！阿波通过这本书领悟到这样一点——相信自己，你认为自己行，就一定行！

所以我们不但要相信孩子，更要培养孩子的自信，信心滋生勇气和力量。

把孩子送到属于他自己的路上，然后让他满怀信心地自己前行，当然还有我们家长注视的目光陪伴。这是我们家长应该做的。

建议：

(1) 及时鼓励他。

肯定他的努力。即使孩子的学习基础不好，即使他的天赋很有限，也一定要帮助他加油，相信他的努力会有所收获。这样才会使他能够持续发力。

鼓励会让人处在一种信心满满、斗志昂扬的状态，这是一种积极的教育方式，他会因此而更愿意付出努力；反之若是被责备包围，只能使他更为沮丧，精神状态变得低落，甚至可能选择放弃。

多做一些阶段性的鼓励。孩子在做某件事的时候，稍有进步，我们都要拍手。孩子喜欢被肯定。

我们家长更像一位助跑员，我们陪着孩子跑，孩子在场地，我们在场外，不管孩子跑得如何，即使跌倒，我们也只能让他自己站起来，然后继续喊：加油！

(2) 告诉孩子你相信他，并且告诉他应该自信。

信任的力量是巨大的，特别是自信。对孩子说，一定相信自己的努力会有成果，努力的本身就带来抵达。这个努力的过程就是一种成功。

经常对孩子说：相信你能行！久而久之，孩子也会认为，自己是坚强有力的。

孩子做愿意尝试的事情，我们要放开手让他去尝试，即使把握不大。因为，孩子的潜力有多大，有时候我们自己也不知道。但是在做事的本身，就已经锻炼了孩子的意志。

忌讳：

在孩子做出令你失望的事情后，对孩子失去信心，劝孩子放弃。无论如何，希望是最好的指引。作为家长，一定要成为支持他的坚强后盾。

○ 亲情贴士

不要比较！不要比较！

每一个孩子都有他自己的高度，每个孩子都有他的闪光之处。所以，即使在竞争如此激烈的社会，也请各位家长们不要经常性地拿自己的孩子和别家的孩子比较。这样不会培养孩子良好的心态，也会使他丧失掉应有的自信。

适当地培养孩子的竞争心态是可以的，但不要争强好胜。或许你可以这样做：在强调对方成绩的优秀同时，客观地评价对方及自己孩子的优缺点，鼓励孩子取长补短。这样做一方面可以提高孩子全面看问题的能力和平和的心态，另一方面又激励了孩子的进取心，两全其美。

○ 课外资料库

在我的一位学生的空间里，转载了网络上的一个热帖——"90后"的56种特征大揭秘，我在此摘录如下，并添加了两位同学对此条语句的回答，用／号隔开，家长们可以参看。

前言：

"60后"的特征是信仰；"70后"的特征是理想；

"80后"的特征是张扬；"90后"的特征是——

发什么呆，往下看啊！

1.熟人面前说个不停，生人面前一言不发。

（不是我不想说话，是我在对你进行核查，看值不值得我说话。／很符合。）

2.为了不熬夜，不如就通宵。

（妈妈早上夸我了，说我起得比她还早。／我很少通宵。）

3.业余爱好必有一项是睡觉。

（我们不困，我们就是想睡。／睡觉是件幸福的事情。）

4.永远觉得别人不可能了解自己。

（我都不了解自己呢，谁还能比我清楚么？／我一直就是这么认为的。）

5.不问问题，只查Google和Baidu。

（给我一分钟，我就知道得比你多。／我喜欢用百度～）

6.热衷研究星相运势。

（平时不在乎，热恋、失恋时却对此深信不疑。／我挺相信的。）

7.电脑里一定有聊天工具。

（不联网的电脑是可耻的，不聊天的网虫是出土的。／还可以。）

8.眼镜度数增长飞快。

（咦？我怎么发现这几天离电脑的距离越来越近了……／350度了，也许又长了。）

9.对一切事物充满好奇，但除了课本和作业。

（我这身体一直很棒，但当对着课本和作业时，却突然发现：我的手不能动了！／是呀～）

10.对动漫情有独钟，尤其是日韩动漫。

（我很爱国，所以从来只是看盗版。／我真的不怎么看动漫。）

11.QQ号码等级在一个太阳以上。

（我一定要整个太阳！要是一直用那些免费的形象，人家都说我没个性。／我很怀念我的那些被盗的QQ号。）

12.发短信的速度与宝马Z4有一拼。

（我想到什么，手机屏幕里便马上出现什么。别羡慕，我已经到了一种境界，那就是"人机合一"。／我一般吧，但是绝不慢～）

13.坐在电脑前可以到屁股冒烟。

（我要学习邱少云，咬紧牙，就是不离开。／假期时，就是那样。）

14.喜欢制定周密的个人计划，然后不执行。

（什么叫自我？就是走自己想走的路，向计划说莎悠娜拉！／是滴。）

15.没事喜欢看手机检查有没有短信。

（不能相信听觉，要靠眼睛证实，我所做的就是对"眼见为实"最好的演绎。／对滴。）

16. 所有的电器都不看说明书。

　　（鼓弄一会儿就会了，还用看那东西么？/准。）

17. 讨厌父母把自己和别人比较。

　　（总是拿别人的优点跟我的缺点比，落谁头上能高兴？/ 的确讨厌。）

18. 晚上效率极高。

　　（白天补足了睡眠，质量就是高！哈哈，又过关了！/ 没计算过。）

19. 在众人面前下过狂言。

　　（我若不发飙，当我小病猫；我若不张狂，谁都比我强。/ 没有吧，我很低调滴。）

20. 喜欢一个人在家。

　　（终于当家做主了！眼泪哇哇的～～/ 恩。）

21. 经常早饭中饭并在一起吃。

　　（这可不怪我，早上不吃饭还迟到呢！/ 主要是，起来时已经是中午了。）

22. 每天，家——学校——家，**一线。

　　（把学校的课桌当床，将家里的床当游戏桌。/ 这点有些不符合。）

23. 报喜不报忧。

　　（不是我不诚实，而是我一遇到好事，记忆力就特别好。/ 介叫乐观。）

24. 不能保证每天刷两次牙。

　　（饭有时都忘了吃，何况牙乎？/恩，有时实在是太累了。）

25. 会用火星文。

　　（多一门外语总是有好处的。/ 我只是处于能看懂的级别。）

26. 长期喝一个品牌的饮料。

　　（百事可乐、可口可乐、碧悠酸奶、午后红茶、胡萝卜汁，什么都好，选准一个，一直喝下去，直到你一看见这款饮料就能想起我。/ 没有，我对什么都很朝三暮四滴。）

27. 至少拥有一个双肩背包。

　　（不装东西，只为了背着，学生就该有个学生样。/ 很多。）

28. 使用最多的称呼是同学。

（称呼断层的一代，只有同学才能有效地拉近陌生人的距离，进可攻退可守。／有时会。）

29. 路过有镜面反射的地方一定会关注一下自己的容貌。

（容貌不仅仅给别人看的，也要让自己愉悦。注意，这不是自恋，这是素质。／同上。）

30. 至少两周才打扫一次卫生。

（让环境卫生积累到足够创造一次成就感的时候才打扫，别让乐趣变成琐事。／有时3个月一次或者一天回家突然发现我的屋子好干净，因为我妈受不了我屋像个猪圈似的。）

31. 永远不知道自己的钱花到哪儿去了。

（其实没买什么、其实没吃什么，但钱就是不见了。／真的，我的钱呢？）

32. 会一两种方言。

（觉得好玩，当下流行顺序依次为陕西话、天津话、上海话、东北话。／我会东北话。）

33. 五一、十一绝不出游。

（要不是被作业拴住，要不就是被网络迷住……／麽有钱去玩。）

34. 随便。

（觉得什么都可以，什么都还行，只要方便简单，哪儿有那么多时间去浪费？／有时，这是我对中午饭的选择。）

35. 喜欢酷的女生，或者漂亮的男生。

（女生装淑女和男生装冷酷不仅不时尚，而且是智力有问题。／PL男生，我会YY。）

36. 写博，但绝不呕心沥血。

（博客不好玩，不如去死；为了好玩累得要死，死不足惜。／找个地方写点东西，挺好滴。）

37. 网友成为朋友，朋友成为网友。

（因为意气相投而成为朋友，因为兴趣渐少而只能发表情符号。因为网络，我没有抛弃一个朋友。／还好了。）

38. 可以借书，绝不借碟。

（都啥时代了，看电影谁不上网看啊！想要快，看枪版；想清晰，等DVD。／书也不借了吧～下到MP4里看。）

39. 至少有一个曾经是偶像而现在羞于承认的明星。

（总觉得自己的梦中情人，现在变得很傻帽。／我曾经不敢说，刘德华是我偶像～现在我到处说我的新欢是基德---动漫人物。）

40. R&R、R&B、Hip-Hop，至少喜欢一个。

（不管有没有搞清楚它们的区别，但喜欢周杰伦和五月天的人嗷嗷多，我总不能搞独立吧？／ROCK大爱。）

41. 可以拼出每个字，但不见得能写出来。

（要么是因为电脑用多了忘了，要么是因为字写得很难看而不愿写。／太准了，现在我同学都质疑我有没有小学毕业证书。）

42. 少打电话，经常发短信。

（不想用声音沟通，只想用文字沟通，哪怕会耗费更多的时间和金钱。／便宜嘛。）

43. 键盘都磨损得很快，无论手机还是电脑。

（要么不停地敲、要么不停地按，这是我们的表达方式、娱乐方式、生活方式。／我滴还可以。）

44. 彩铃两周一换。

（随时提醒别人，自己心情的起伏、口味在发生转移，又发现了新玩意，我有什么变化你有义务知道。／不弄那东西。）

45. 拥有一个以上的MP3。

（因为身体里的艺术细胞已经饥渴到随时随地需要灌溉，音乐是最廉价的方式。／有几个了，还要买。）

46. 发花痴。

（不惮于用最猛烈的言行来表达对某人的热爱。／会滴，那是生活的乐趣之一。）

47. 不看500字以上的帖子。

（对发这样贴的猛人，我崇敬，然后走开。／是同人滴话，无条件看。）

48. 永远对自己的发型不满意。

（发型不是身份，不是装饰，是娱乐。娱乐，就没有够，不满意就改，改了还是不满意。／总是觉得下一个更好，最后发现，好的总是上一个。）

49. 会画画，喜欢画画或者想学画画。

（画画就是用笔创造一个童话，童话的世界谁不想进啊？／对画画没有爱。）

50. 爱去小店淘宝。

（常常逛街的总结：真正的财宝肯定不在大家都知道的地方。／恩呀。）

51. 对80后不屑。

（不就是比我大几岁么？你个性我比你更个性，你张扬我比你更张扬。不用我出手，时间就会把你打败！／有一点点～例如那几个写小说的。）

52. 喜欢QQ不喜MSN。

（喜欢需要理由么？需要么？／是滴～也许是因为先入为主。）

53. 恐龙战队奥特曼必看过。

（一打开电视就是这些，一听同学说话就是这些，想没看过都不行。／小时候看过，很不喜欢。）

54. 两分钟经常这样安排：前一分钟是崇拜，后有一分钟变成藐视。

（崇拜是因为我离他远，走近一看，也没比我高哪去啊？／额就是这么善变。）

55. 总想尝试广告里的新产品。

（我是为了别人好，我用了，你就知道好不好了，对吧？／是呀是呀，就是没有资金。）

56. 永远找不到自己的笔。

（别管它，肯定是因为我刚才玩转笔时把它转得头晕，使它迷路了，一会儿就会回来了。／我很认真地和我阿桌学转笔，最后阿桌说我手不分瓣＝＝）